大人気ベトナム料理店

オーナー直伝

「ベトナムちゃん」
金子真已のレシピノート

「ベトナムちゃん」オーナー
金子真已

はじめに

この本は「奇跡」の出版です。新型コロナウィルスによる営業への影響がなかったら、絶対に出版などできなかったと思います。毎日予約が続く全力疾走の飲食店経営にはそんな余裕がなかったからです。それと、ベトナム人従業員たちが自分の技術を他人には絶対に教えないので、オーナーの私にさえも教えてくれることは難しい。そこをコロナ禍に話し合って、「ベトナム料理の、日本の家庭での普及に！」という思いから心をひとつにして、今回出版に至っています。

私が初めてベトナムに行ったのは1996年、19歳の時です。大学生としてハノイ大学でベトナム語を学ぶためでした。当初の予定は1年だったのに、もう1年延長して、2年も留学してしまったのは、ベトナム料理が美味しかったから。最後の半年は南部弁を学ぶためにホーチミンに引っ越しました。

ハノイ（北部）とホーチミン（南部）の味付けや、料理そのものの違い、外食が多い・少ないなど、違う国と思うくらい文化の差を学べ、自身への食の影響が大きかったです。

留学中の2年間の食事の思い出は、ベトナム人の友人や先生、大家さんたちと食べたご飯。それは、いつも熱々で、笑顔があふれる食卓ばかりでした。白ご飯にスープ、シンプルなおかず。決して高価なものはないのに、毎回本当に美味しいし、腕自慢が至るところにいて、私の料理が一番だからね！ と、いつも自信満々。

19歳で何も知らない日本人の女子大生を、周りにいたベトナム人たちは本当に大切にして、気にかけてくれました。友達の家に遊びに行けば、黙っていても家族と同じものを出してくれて、一緒にガッガッ食べて、その日にあったことを家族の一員として話しました。その時間に、もっとベトナム語が流暢ならいろいろ伝えられるのに、と思ったからこそ、勉強を一生懸命することができたのだと思います。

その頃の話です。大学の先生がベトナム語の授業が終わったときに、彼女から「うちの家に寄っていきなさい」と誘ってくれました。帰り道、先生の子供をお迎えしながら一緒に家に帰ると、「今からご飯の支度をするから食べていきなさいね。ありあわせよ、何もないのよ」と言いながら、ご飯を炊いて、スープを作り、いんげん豆の炒め物をさっと作ってくれたのです。その美味しかったこと！

We Yêu Việt Nam!

「働いているからご飯の支度は簡単なものなのよ。大切なのは熱々なものを美味しく食べること！」ベトナム人女性は、結婚や出産で仕事を辞めるということはありません。だからこそ、パパッとちゃちゃっと作れる美味しいメニューが必須なのです。

食べることの楽しさや大切さ、家庭料理の美味しさから、本当に美味しくて、熱々でたっぷり食べられる、庶民的なベトナム料理を"日本人にもっと知ってもらいたい"という想いが、私の情熱の原点です。

ベトナム料理専門店「ベトナムちゃん」のオーナーとなってからも、その時の楽しい想い出があるから、数々の困難があってもレストランを続けていこうと思う原動力になっています。

働きながらも、熱々で美味しいものを、好きな人と共に食べて、人生いろいろあっても良い人生を過ごしましょ！

ベトナムちゃんオーナー　金子真巳

もくじ

表紙：お家のたこ焼き器で作るバインコット（レシピ P64）　裏表紙：イカ・セロリ・パイナップル・
トマトの炒め物（レシピ P36）、生春巻き（レシピ P17）、豚とエビと蓮根のサラダ（レシピ P13）

おもてなし

お家のたこ焼き器で作るバインコット ······ 64 Bánh khọt làm tại nhà bằng khuôn Takoyaki	カニカマ春雨炒め ······ 83 Miến xào thanh cua
バインミーのためのレモングラスポークと ······ 66 家庭でできる！お手軽・簡単バインミー Cách làm bánh mì thịt heo nướng sả đơn giản tại nhà	焦がしにんにくチャーハン ······ 84 Cơm chiên tỏi
練乳とチリソースのバインミー ······ 68 Bánh mì với sữa đặc và tương ớt	レモングラスビーフ炒めのせ ······ 85 野菜たっぷり米麺 ヌックマムソース Bún bò xào
レモングラスとココナッツウォーターの ······ 70 酢の牛肉しゃぶしゃぶ Bò nhúng dấm	ブン チャー ヨー 揚げ春巻きのせ ······ 86 野菜たっぷり米麺 ヌックマムソース Bún chả giò
エビの串焼き、ガッツリにんにくバター味 ······ 72 Tôm nướng bơ tỏi	

ご飯類・麺類 / デザート・ドリンク

表紙：お家のたこ焼き器で作るバインコット（レシピ P64）　裏表紙：イカ・セロリ・パイナップル・
トマトの炒め物（レシピ P36）、生春巻き（レシピ P17）、豚とエビと蓮根のサラダ（レシピ P13）

おもてなし

お家のたこ焼き器で作るバインコット ······ 64
Bánh khọt làm tại nhà bằng khuôn Takoyaki

バインミーのためのレモングラスポークと ······ 66
家庭でできる！お手軽・簡単バインミー
Cách làm bánh mì thịt heo nướng sả đơn giản tại nhà

練乳とチリソースのバインミー ······ 68
Bánh mì với sữa đặc và tương ớt

レモングラスとココナッツウォーターの ······ 70
酢の牛肉しゃぶしゃぶ
Bò nhúng dấm

エビの串焼き、ガッツリにんにくバター味 ······ 72
Tôm nướng bơ tỏi

豚串焼き BBQ ······ 73
Thịt heo nướng xiên

ゆで豚とやみつき発酵エビ醤だれ ······ 74
Thịt heo luộc chấm mắm tôm

ご飯類・麺類

野菜多すぎ!! 屋台焼きそば ······ 76
Mì xào thập cẩm

おかゆとジンジャーヌックマムだれ ······ 78
Cháo gà với nước mắm gừng

真夜中に食べた 屋台風エビワンタン麺 ······ 80
Mì hoành thánh tôm

トマトとパイナップルで簡単ベトナム風 ······ 82
インスタントラーメン
Mì gói với cà chua và thơm kiểu Việt

カニカマ春雨炒め ······ 83
Miến xào thanh cua

焦がしにんにくチャーハン ······ 84
Cơm chiên tỏi

レモングラスビーフ炒めのせ ······ 85
野菜たっぷり米麺 ヌックマムソース
Bún bò xào

ブン チャー ヨー 揚げ春巻きのせ ······ 86
野菜たっぷり米麺 ヌックマムソース
Bún chả giò

デザート・ドリンク

ベトナムちゃんの素朴な お豆のチェー ······ 88
Chè đậu

蒸しバナナケーキとココナッツミルクソース ······ 89
Bánh chuối hấp ăn với nước cốt dừa

ワインソムリエ・金子真巳おすすめの ······ 90
ベトナム料理に合うワイン
Các loại rượu vang phù hợp với món ăn Việt Nam

ベトナム料理に合うビール ······ 91
Các loại bia phù hợp với món ăn Việt Nam
　ベトナム蓮茶は何のお茶？

美味しいベトナムコーヒーの淹れ方 ······ 92
Cách pha cà phê Việt Nam ngon

おわりに ······ 93

店舗紹介 ······ 94
ベトナムちゃん大久保店・吉祥寺店・北谷店

本書の使い方

お料理を始める前に

・レシピはすべて 2〜3 人分の分量です。
・ヌックマムはすべてのブランドが全く違う塩分濃度です。必ずご自身のものに合わせて加減してください。
・砂糖、塩、油については、小さじ＝5g、大さじ＝15g です。
・鶏がらスープの素は日本のブランドであっても塩分量などで全く味が違います。
　レシピ中の分量は参考にして、必ずご自身のお使いのもので味を調整してください。
・本書のレシピでは、砂糖はグラニュー糖、塩は食塩を使用しています。
・にんにく、唐辛子、ハーブなどの分量は個人の好みに合わせて調整してください。
・使用する野菜や肉、果物（パイナップル等）によっても水分量やかたさ、柔らかさも違います。作るものに対して調味料や味
　付けをご自身で加減してください。
・ココナッツミルクは生ものです。缶を開けたら、すぐに他の容器へ移し冷蔵保管で1〜2日で使い切ってください。また調理後
　のものも、召し上がる前に必ず温めてください。
・米麺、ブンや、水で戻した春巻きの皮も生もの扱いです。
・フッ素樹脂加工のフライパンと鉄の中華鍋でもオイルの量は異なります。鉄の中華鍋には、少しオイルを多めに。調理時間に
　関しても、火加減と調理器具によって異なるため、状態をよく観察して調理してください。

05

ベトナム料理って？

ベトナム料理の特徴は何と言ってもフレッシュ感！ハーブなどの葉物野菜をふんだんに使い、根菜料理のように長く煮込む必要はなく、そのまま食べられる軽い食感のサラダやハーブで、ゆえにフレッシュ！ 調理時間も日本料理に比べて短く、もちろんベトナム料理にも、煮込み料理など多々ありますが、概して煮込み時間は日本料理よりずっと短いと思います。暑いから長い時間火を使うのは非効率ですし、ベトナムの家庭料理は「作り置きしてあった料理」よりも、「そこでパパッと、ちゃちゃっと」作るものが日常のご飯です。その都度食べ切り、あまり食べ物を持ち越すこともありません。一年中、蒸し蒸しして暑いのもあり、衛生的な問題もあるからでしょう。

つい最近まで、毎食のお買い物を、その都度、道で野菜を売っている人や市場に行って買うのが主流でした。スーパーマーケットがない、スーパーがあったとしても市場のものより鮮度が落ちる。そして、冷蔵庫の普及が遅かったことや、「新鮮なものは、やっぱり美味しい！」という理由と、家族に少しでも良いものを食べさせたいと願う、ベトナム人女性の心遣いもありました。

でも昨今は、スーパーの素晴らしい品揃え、大型の最新冷蔵庫、人々の生活が忙しくなって頻繁に買い物に行けなくなったことなどから、日本のように買い置きをしたり、冷凍食品を使う家庭も増えました。生活様式によってベトナム人の食生活が変わったこともありますが、ベトナム料理の基本が「フレッシュ感」や、"ちょっと待っていて！すぐ作るからみんなで食べよう！"という気軽さで溢れていることに違いはありません。

ベトナムは地形的に南北に細長く、峠があってその昔は隔たりがあったなどの理由で、国の中で地方色が食事にも色濃く残ります。とくに南北は戦争で分断されていた歴史もあり、全く気候も違うため、食べるものにも違いが多々見られます。

ざっくり言えば、北部は塩っぽい味付けでシンプルな料理法のものが多く、南部は甘酸っぱかったり甘辛だったりで、ココナッツも多用し、肥沃なメコンデルタからの恩恵を受けて、食卓は華やかな印象です。

その昔、私がホームステイしていたご家庭は、北部ではインテリでお金持ちの家でしたが、空芯菜の茹で汁にレモンを絞って、茹でられた空芯菜、アヒルの卵の薄い卵焼きを4人で分け、白米で食べました。それはお金がないからではなくて、こういうものが美味しいという文化なのです。

その後、南部に移り住み、バイクの駐車場の管理を営む、ごく普通の家庭でホームステイをしたところ、毎食毎食パーティーか！と思うほど、色とりどりで食べ切れないほどのご馳走が普通に並ぶのを見て仰天したことを覚えています。鍋に牛煮込みをたくさん作り、バインミーをハート形に切って軽く焼いて、野菜のほか、果物もさまざまなものが出てきました。

それが普通のランチなのです。食べることへの考え方が根底から違うな……と痛感しました。

山に近ければ山のものを、海沿いの町では海のものを、川のものも上手く取り入れています。ベトナムには54の少数民族が生活しているため、今でもそこにしかない独特な文化が残る地域があります。

フランス領だった時代もあり、その影響からバゲットにそっくりな「バインミー」という惣菜パンが今でも国民食。一緒に飲むコーヒー文化やワインもそのまま、今もベトナムの食生活として残ります。フランスのものでありながら、ベトナム風にちゃっかりアレンジして根付いているしたたかさは、ベトナム人の国民性も表していると思います。

陸続きである中国からも何千年もの間、影響を受けています。食べ合わせや、食べ物ごとに温性や寒性（体を温めたり、冷やしたりする力）があるという考え方もベトナム人の常識の中に今でも根付いています。中医学（漢方薬のベースとなるもの）から影響を受けたのでしょう。

例えば、なんだか見た目はそっくりで、とても似ているマンゴーとパパイア。実は全く違うのです。黄色く甘い果実マンゴーは、ベトナム人によれば、食べ過ぎると、身体を熱く、のぼせさせてしまう食材。またパパイアは寒性になるため、身体に熱が籠らない南国では食べやすい果物なのです。

厳しい暑さから身体を守るために、日々の会話でもこの考え方を利用してベトナム人は健康を維持しています。

また、南はカンボジアとも陸続き。美味しいココナッツが、ベトナムでもカンボジアのほうへ向かうほど、より多く手に入ります。捨てるところがない、と言われるほど、生活の中で重宝されているココナッツは料理にもふんだんに取り入れられています。唐辛子、ココナッツミルク、レモングラスやスパイスハーブを駆使して、爽やかな美味しさを楽しむのは東南アジアの特徴です。

私個人として、ベトナム料理は「透け透け感」が大切だと思っています。ベトナムの民族衣装のアオザイも日本人からするとびっくりしてしまうほど、下着も透け透け！それも計算して着るものなのです。「肌を露出なんかしてないじゃない。きちんとカバーしてあるじゃない」ということらしく、誰もそんなことを気にしていないのです。

生春巻きも、大葉の美しいグリーンを背景に、真っ赤なエビが、透明なライスペーパーでほどよく"透け透け"。PHOのスープも、にごってはいけない。透明な美しいスープの中に、鮮やかな色の食べ物が見え隠れする。この「透け透け感」こそが、ベトナム料理の美しさの秘密だと思います。

暑い気候からいかに身体を守るか。陸続きの異文化とどう馴染んで、どう食生活が影響を受けたのか。独自の美意識の融合。そこがベトナム料理を考える上でポイントになると思います。

ベトナム料理の調味料や食材など

レモングラス
Sả

アジアンスーパーで生のものが購入できる。冷凍でも乾燥でも素晴らしい香りが楽しめる。根っこのほうが良い香りなので、細かく切って他の食材に混ぜ込んで香りを移したり、包丁の背で叩いてスープなどに入れたりします。フードプロセッサーで細かくしたものを小分けにして冷凍しておけば手軽にいつでも使うことができます。

ホムデン
Hành tím

赤わけぎ。にんにくのように炒めると香りが出るので、ベトナム料理では多用します。もしなかったら、紫玉ねぎやエシャロット、玉ねぎを細かく切って使ってもよいでしょう。

パンダンリーフ
Lá dứa

素晴らしく爽やかな香りのため、長細い葉っぱを結わいてソースに入れ香りをつけたり、美しい緑色に発色するため天然の着色料にも。ベトナムのタクシーの中には、この葉をたくさん吊るして香りを楽しんでいる運転手さんもいるほど。

ヌックマム
Nước mắm

Cá cơm（カーコム）と呼ばれるカタクチイワシ科の小さな小魚から作られるベトナム版しょっつる。一番搾りから三番まである。ベトナムの中でも産地の違いで選ぶ人がいるほど、ベトナム人がこだわる調味料。タイではナンプラーと呼ばれる。微妙に違うが、ナンプラーがあればそれを使ってもOK。さまざまな種類のものがあるので、必ず味見を。

シーズニングソース
Tương gia vị

NướcTương（ベトナム醤油）と呼ばれるものは漬け込むときに使うことが多いのに対し、このシーズニングソースはこのままかけて食べることもあるし、漬け込んで使うこともある調味料。ただし、原産国やブランドによっても味が全く違うので、「シーズニングソース」を買うというよりも、自分のお気に入りのブランドを決めて使うことが料理を安定させるコツ。納得したものを選んで買って、まずは使ってみることがおすすめ。

チリソース
Tương ớt

甘いものからかなり辛いものまであるので、選ぶときには辛さが自分に合っているかをよく見て！炒め物にほんの少し入れたりすると微妙に爽やかな辛さが加わったりするので、どんどん使ってみてほしい調味料の一つ。

マムトム　発酵エビ醤
Mắm tôm

イカの塩辛の、エビ版のような調味料。紫色でとんでもなく臭いが、慣れるとやみつきに。酒飲みが大絶賛するタイプの調味料。こぼれると大騒ぎなので、保管にも気をつけて。原液は濃いので、レモン汁や砂糖、にんにくを入れたりしてたれを作る。日本人でこれを食べられるとベトナム人に尊敬される類の調味料ですが、日本人には食べやすくくだいたいのお客様は好きなので、馴染みがある。さつま揚げやスライスきゅうりに合う。

マムネム　発酵魚醤
Mắm nêm

こちらはエビではなく、魚のもの。使用頻度は高くないが、「レモングラスとココナッツウォーターの酢の牛肉しゃぶしゃぶ」（レシピP70）では絶対に欠かせないもの。小さな小瓶でも売っているのでぜひ試してみてほしい調味料の一つ。

バインセオの粉
Bột bánh xèo

アジアンスーパーやネットでも買える。バインセオばかりでなく、バインコットもこれで作るのがお手軽で失敗がないのでおすすめ。水で溶いて少しおくと安定するので、使う前に冷蔵庫に入れておくとよい。

生春巻き用ライスペーパー＆揚げ春巻き用ライスペーパー
Bánh tráng gỏi cuốn & Bánh tráng chả giò

生春巻き用は大きめを選ぶと初心者には巻きやすい。また、厚いとガサガサして美味しくないので薄いものを。タイよりベトナムのものが断然おすすめ。ベトナムの市場にはさまざまな美味しいこだわりライスペーパーが売っています。揚げ春巻きは、生春巻き用の大きなライスペーパーを半分に切って使ってもOK。使いまわせるので便利。大きすぎると揚げたとき固くなりすぎるため、しっかり巻いて具がはみ出していなければ、それ以上は残ったライスペーパーでグルグル巻かないほうが美味しく出来ます。ライスペーパーの上に、レタスなどの野菜、焼肉を置いて海苔のように巻いても美味しい。サラダのトッピングやおやつに、細く切ったものをカリカリに揚げても美味しい。

蒸し春巻きの粉
Bột bánh cuốn

売っているときに買っておけば、簡単に失敗なく、蒸し春巻が作れるのでおすすめ。ベトナム食材が買えるところで「バインクオンの粉」と言ってもわかってもらえる。

ココナッツミルク
Nước cốt dừa

缶に入ったものやパックの小分けのものなど、原産国が全く違うものも簡単に手に入る。缶は少し穴をあけてそこをきっちりふさぎ軽く振ると固まった油脂の部分と水分の部分が混ざります。そうでない場合、他のものに移してからよく攪拌して使わないと美味しさ半減。生ものなので、一度開けたら冷蔵庫で保管して必ず1〜2日のうちに使い切ること。

ココナッツジュース
Nước dừa

日本でも身近な飲み物として手に入る食材の一つ。料理に使うときに気をつけてほしいのが「甘さ」。甘いものなら、砂糖を減らすなど調整が必要になってくる。ベトナムの暑い夏に飲むと、さっぱりしているのに、栄養分たっぷり。缶だけでなく、真空になったココナッツの実もあるので、飲み比べてみるのも楽しいかも!

ピーナッツ
Đậu phộng

殻付き、殻なし、赤い皮付き、皮なし、実が大きいもの、小さいものといろいろあるが、どれでもOK。使う前にフライパンで軽く炒ると香ばしさが出て深みが増し、味わいが全く違うのでひと手間かけてほしい食材。袋に入れ、棒で叩いたものを用意しておけば、野菜、冷ややっこ、アイスクリームなどにかけても美味しいのでおすすめ。

米麺ヌードル
Bún

戻し方、茹で方などはP86参照。生春巻きの中に入れたり、揚げ春巻きと食べたり、酢しゃぶしゃぶ、鍋料理の最後に食べたりとベトナムでは欠かせない。日本の素麺の感覚で茹でると芯が残るので、きちんと時間を測って火を入れること。袋に入れて冷蔵してもよいが、生ものなので食べる前に再度加熱したほうが安全。レンジでもよいし、沸騰したお湯に一度くぐらせてもOK。米が原料。

春雨
Miến

炒め物などに入れるとボリュームアップしつつ、美味しいスープを吸ってくれるので日本の家庭でももっと取り入れるとよいと思う食材の一つ。水分がないと固くなってしまうので、春雨を使うときには茹でたものを入れるか、炒めるときには水を足すことが大切。原料は、緑豆や馬鈴薯などのでんぷん。好みがあるときには、何から作られているかを見て選ぶのもよい。

タピオカ
Bột báng

粒が小さくても大きくても日本語ではタピオカ。ベトナム語だと大きさにより使う単語が変わります。デザートに使うときは小さな粒のほうを使いましょう。ココナッツミルクのソースともすごく合う。小豆の煮たものやココナッツミルクソースなどと混ぜ、日本のぜんざいと組み合わせて使っても楽しい。あらかじめ茹でて火を通して冷やしておく。

えびせん
Bánh phồng tôm

粒胡椒が入っているもの、いないもの。エビの味が濃いもの、薄いもの。中国のもの、ベトナムのもの。さまざまな原産国のブランドがあるので味も千差万別。揚げ方によってもより美味しくなるものなので、「揚げ方」(P25参照)を見ながら美味しく作ってみてください。

おたま／サーバー
Cái vá

炒めるもよし、すくい取るのもよし、本当に便利な形で、どこの家庭にもあります。調理するときにも使えますが、大きな器にスープや炒め物を盛ったときには必ず添えられるもの。地味なのですが、1本で何通りにも使える万能調理器具といえます。柄もいろんな色があってカラフルでかわいい。

ベトナムコーヒーフィルター
Phin cà phê

ベトナムの市場やスーパー、お土産店などでも手に入ります。おすすめはこのタイプ。分解できて洗え、フィルターが3層になるため美味しいコーヒーになります。それぞれの部品に個性があるので、いくつか買って、組み合わせを変えると、コーヒーがドリップされる時間が全く違うというゆる〜いもの。同じタイミングで淹れたのに、出来上がる時間が全く違うという、コーヒー占いのような面白さ。ゆっくりやればいいよね〜と言われている気持ちになります。

Salad

サラダ

お手軽ベトナムサラダ

Gỏi Việt đơn giản

　パパッと作れるのに、ベトナム感が満載の野菜サラダ。とにかく野菜をもりもり食べるベトナム人にとって、サラダは大切な一品。彼らは、ざる一杯分の葉っぱを食べてしまいます。むしゃむしゃ、軽くて食べやすく、またむしゃむしゃ！

　このメニューは、ランチの定食や賄い（まかな）で白ご飯とおかずを食べるとき、付け合わせでよく食べます。余ったレタス、玉ねぎ、キャベツ、赤ピーマンなど、何でも入れて、サラダ用のヌックマムだれをかけてよく混ぜる。

　仕上げに作り置き調味料と揚げにんにく、フライドホムデン、ピーナッツやごまをかけてよく混ぜて食べてください。組み合わせは自由で、何通りものサラダができます。無限ループで野菜を食べられちゃう美味しさ！

材料

レタス	30g	フライドホムデン
キャベツ	100g	（P27 参照） … 少々
大葉	5枚	
玉ねぎ	少々	にんにく油
赤ピーマン	少々	（P27 参照） … 20g
プチトマト	4〜5個	サラダ・和え物のためのヌックマム
ピーナッツ	少々	だれ（P26 参照）… 50〜60g

Step 01

レタスはざく切り、キャベツを千切り、赤ピーマンを細切り、玉ねぎを薄切りにする。大葉は食べやすい大きさにざく切りにする。プチトマトは半分に。ピーナッツを砕いておく。

Step 02

ボウルに01の、レタス、キャベツ、赤ピーマン、玉ねぎ、大葉を入れる。ヌックマムのたれ、にんにく油を加え、全体にたれがいきわたるようにざっくりと混ぜる。

Step 03

お皿に02を盛り付け（①）、フライドホムデン、ピーナッツを散らし、プチトマトを添えて完成。
ボウルに残った水分（たれ）は入れないでください。味は混ぜた段階で十分にしみています。

Memo

時間がたつとベチャッとするので、すぐに食べてください。

手前からベトナム風海鮮サラダ（レシピP16）、お手軽
ベトナムサラダ（レシピP10）、生春巻き（レシピP17）

チキンサラダ

Gỏi gà

　ベトナムのサラダは和え物スタイルが多いので、食べる直前にパパッと和えて、ぱりっとしたえびせんべいにのせて食べるのが美味しい！ 砕いたピーナッツやにんにく油、フライドホムデンなども香ばしさを増す大切な名脇役です。

　サラダは、簡単に出来てしまうので、作り置きの名脇役を準備しておくのがコツ。野菜がいくらでも食べられるやみつきのお手軽一品で、開店以来の大人気メニューです。

材料

鶏もも肉	100〜120g	サラダ・和え物のための	
キャベツ	100g	ヌックマムだれ(P26参照)	50g
人参	20g	にんにく油(P27参照)	20g
玉ねぎ	20g		
大葉	5枚	えびせんべい(お好みで)	
赤ピーマン	少々	(P25参照)	適量
ピーナッツ	適量		
パクチー	適量	生姜	少々
フライドホムデン(P27参照)	適量	塩	少々

Step 01

生姜を薄切りにする。鍋に肉がかぶるくらいの水と生姜と塩を入れ、沸騰させたら鶏もも肉を入れる。火にかけて鶏肉に完全に火が通るまで蒸す。冷めたら薄切り（食べやすい厚さ）にする。

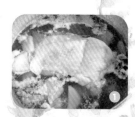

Step 02

キャベツを千切りに、赤ピーマンと人参を細切りに、玉ねぎを薄切りにする。大葉は食べやすい大きさにざく切りにする。ピーナッツは砕く。パクチーは葉の部分を使う。

Step 03

ボウルに01の鶏もも肉、02のキャベツ、赤ピーマン、人参、玉ねぎ、大葉を入れる。ヌックマムだれ、にんにく油を加え、全体にたれがいきわたるように、ざっくりと混ぜる。

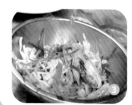

Step 04

03をお皿に盛り付け、上にフライドホムデン、ピーナッツ、パクチーをのせたら完成。えびせんべいと一緒にどうぞ。

注：ボウルに残った水分（たれ）はお皿に入れないでください。べちゃっとします。ボウルで混ぜている段階で味はしみています。

えびせんべいにのせて、ぱりぱりお召し上がりください

✳✳✳★✳✳✳★✳✳✳★✳✳✳★✳✳✳★✳✳✳★✳✳✳★✳✳✳★✳✳✳★✳✳✳★✳

豚とエビと蓮根のサラダ

Gỏi củ sen tôm thịt

　ベトナムでは、小さな赤ちゃん蓮根がどこの市場にも並びますが、このメニューはスーパーで売っている普通の蓮根で作っていただけます。コツは、蓮根にしっかりと味を付けておくこと。甘酢に漬け込むことにより、食べたときに蓮根のしゃきしゃきとした歯触りと一緒に、メリハリの効いた甘酸っぱさの美味しさが引き立つようになります。

　トッピングの白ごまは、カリカリ揚げにんにくチップに替えてもよし！ フライドホムデンにしてもよし！ご自分の好きな味を追求してみてください。

材料

豚肉（どの部位でもOK）… 30g	サラダのためのヌックマムだれ
エビ …………………… 3尾	（P26参照）………… 60g
蓮根 …………………… 80g	にんにく油（P27参照）… 20g
玉ねぎ（紫玉ねぎでも可）40g	
人参 …………………… 20g	白ごま ………………… 少々
赤ピーマン …………… 少々	フライドホムデン（P27参照）… 少々
大葉 …………………… 5枚	パクチー ……………… 少々

蓮根用漬け込み液A		えびせんべい ……… 4〜6枚
水 …………………… 200g		（P25参照）
酢 …………………… 20g		
砂糖 ………………… 30g		
塩 …………………… 2g		

Step 01

蓮根の皮をむいてボウルに入れ、砂糖と酢を混ぜた液（分量外・ほんの少量）を入れた水（分量外）に少し浸け、アク抜きをする。数分たったら蓮根を取り出して薄切りにし、別のボウルに蓮根用漬け込み液Aと一緒に入れて漬け込む。最低1時間くらいは漬け込むとしっかりと甘酢がしみて美味しくなります。

Step 02

エビと豚肉を茹でて冷ましておく。冷めたらエビを切り、豚肉は細切りにする。玉ねぎは薄切り、人参、赤ピーマンは細切りにする。大葉をざく切りにする。

Step 03

ボウルにエビ以外の材料と、サラダ用ヌックマムだれと、にんにく油を入れて混ぜる。

Step 04

お皿に03を盛り付けて（ボウルに残ったたれは皿に入れないこと。ベチャッとしてしまいます。ボウルで混ぜている段階で味はしみています）。残ったたれのボウルにエビを入れて味をしみこませます。

Step 05

上から白ごま、フライドホムデン、パクチーをのせる。エビを飾りに添えて、完成。

Complete

和え物サラダにはつきものの、えびせんべいと一緒にどうぞ。甘酢っぱい蓮根、しゃきしゃきしていて美味しい〜！ お肉もエビもあるから、旨味も十分でいくらでも食べられます。和え物なので、魚介の臭みが出る前に食べて。

定番の和え物サラダ！
結婚式や宴会、みんなが
集まるところには必ずある

グレープフルーツとさきイカのサラダ

Gỏi bưởi

ベトナム料理の中でも人気のメニュー。グレープフルーツの酸味とさきイカの旨味が相まって、さっぱり美味しい和え物です。

ベトナムちゃんでも大人気メニューだったのですが、グレープフルーツの入手が不安定になったり、年々、実が小さくなったりして、サラダの中身が入らなくなってしまったので、現在の店舗のメニューにはありません。

ご家庭でグレープフルーツを一つ買って作ると、大変美しいサラダになると思います。

出来たてのサラダをえびせんべいにのせて、すぐにバリバリ召し上がってください。

材料

グレープフルーツ	…… 1個	なます(P23参照)	…お好きな量
さきイカ	…… 少々		
豚バラ塊肉	… 10〜20g	ピーナッツ	…… 少々
エビ	…… 4尾	パクチー	…… 少々
レタス	…… 1〜2枚		
玉ねぎ	…… 10g	サラダ・和え物のためのヌック	
赤ピーマン	…… 少々	マムだれ(P26参照)	…… 70g
大葉	…… 3枚	揚げ油	…… 適量

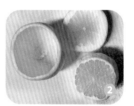

Point!

グレープフルーツはきれいにむく。なめらかな食感のために中の白い薄皮を残さない。

このサラダに関しては、混ぜるときに使うボウルで、余った水分を最後に入れること(グレープフルーツから水分が出て、たれが薄くなるため)。

Step 01

グレープフルーツの上部を切り、中身をくりぬいて、むく。くりぬいた後の外側の皮は器にするのでとっておく。中の白い皮をむいたら一房一房に分け、さらに一房を3〜4つに切り分ける⑥。赤ピーマンとレタスは細切り、玉ねぎは薄切り、大葉はざく切りに、ピーナッツは砕く。

Step 02

エビを茹で、冷ましておく。冷めたら縦半分に切る⑧。豚バラ塊肉を揚げる(揚げるのが面倒なら焼いても可)。揚げ終わったら冷めるのを待ち、細切りにする。

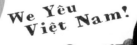

We Yêu Việt Nam!

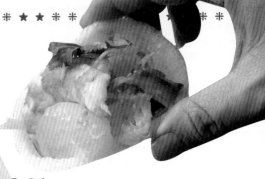

Step **03**

ボウルにグレープフルーツ、さきイカ、豚バラ、玉ねぎ、なます、赤ピーマン、大葉、サラダ用ヌックマムだれを入れ、たれが全体に混ざるようにざっくりと混ぜる。

Step **05**

レタスの上に**04**をのせ、エビを側面に飾る。ピーナッツ、パクチーを順に上に散らして完成。

Salad

Step **04**

中身をくりぬいたグレープフルーツ（器のために使う皮）に、**03**を詰めていく。下のほうにグレープフルーツ以外を先に詰め、最後にグレープフルーツを詰める。ボウルに残ったたれに、エビをくぐらせて味をしみこませたら、たれをグレープフルーツサラダにかける。

We Yêu
Việt Nam!

ベトナム風海鮮サラダ

Gỏi hải sản kiểu Việt

　サラダ用のヌックマムだれを使って、いろいろな和え物サラダを作ってみましょう！ ベトナムでは超定番の、「海鮮サラダ」も簡単に作れます。

　注意していただきたいのは、海鮮の臭みをしっかり取って使うこと！ 時間がたつと、より臭みが出てしまうので、きちんとした下準備がとても大切な一品です。そして出来たらすぐに召し上がってください。

　シャキシャキしたきゅうり、ごまの香ばしさや、香味野菜の良い香りと、旨味の詰まった海鮮がよく合います。えびせんべいと一緒にどうぞ。

材料

イカ	70g	レモングラス	20g
生姜	20g	フライドホムデン(P27参照)	適量
塩	ひとつまみ	白ごま	適量
		パクチー	適量
エビ	4尾		
人参	20g	サラダ・和え物のためのヌック	
きゅうり	少々	マムだれ(P26参照)	70g
玉ねぎ	少々	にんにく油(P27参照)	20g
セロリ	20g		
赤ピーマン	少々	えびせんべい(お好みで)	
		(P25参照)	適量

Step 01

イカは食べやすい大きさ（長細い長方形）に切る。イカの臭み消しとして、小鍋にスライスした生姜を少量の水と共に入れ沸騰したところにイカと塩を入れて火を通す。エビも下ごしらえ（P14参照）する。

Step 02

人参、きゅうり、赤ピーマンは細切りに。玉ねぎ、レモングラスは薄切りに。セロリは写真③のように切る。

サラダ用のヌックマムだれを具材を入れたボウルに加え、よく混ぜる。

えびせんべいと一緒にどうぞ

Step 03

お皿に盛り付けます（ボウルに残ったたれ〈水分〉はお皿に入れないこと。ベチャッとします。ボウルで混ぜている段階で味はしみています）。残ったたれのボウルにエビを入れて味をしみこませたら、エビをお皿に飾り付けます。サラダの上に、にんにく油、白ごま、フライドホムデン、パクチーをのせて完成です。

生春巻き

Gỏi cuốn

ベトナムちゃんの大定番メニュー!

一つ一つ丁寧に巻き上げる、心のこもった一品です。「とりあえず」の一品でもあるので、名刺代わりのご挨拶になる大切なメニューでもあります。

専門店の生春巻きは、見た目がぷっくりしていて、ハリがありながら、食べたときに中身がぽろぽろと落ちてしまわない。中身をしっかり入れてギュッと巻きつつも、ふんわり柔らかくないと美味しくない。大葉の緑を背景に、赤いエビが見える「透け感」がなんともセクシーでしょう! 本場ベトナムでもオーソドックスなものは必ず、片方だけにニラのしっぽが出ています。

私はこれが何故にニラ? 何故に片方? と不思議で仕方がなかった……。

何百本、何千本、何万本と作り続け、見続け、食べ続け、わかったことは、「やっぱりこれが最高の生春巻きのフォルム」であり、「芸術美」ではないか!ということ。一本がぎっしり大きいので、お店ではお腹いっぱいになりすぎないように、半分にカットして提供したほうが親切なのかもしれないといつも悩みますが、そこは絶対に包丁を入れたくない! なので、ベトナムちゃんでは丸々一本をお出ししています。これは開店以来の私のこだわり。

手で掴んで、ソースをたっぷりつけて、召し上がっていただきたいんです。

生春巻きが出てきたときのお客様の「うわぁ!」っていう歓声と、喜ぶ顔を見るのが楽しみで、美しい生春巻きにこだわっています。スタッフがお皿を差し出すときの、ドヤ顔も私はいつも見逃しません!

お家ではご自身の手を使って、失敗しても美味しいので、楽しんで作ってみてください。

注釈

・豚肉の漬け込みには、生にんにくではなく、ガーリックパウダーを使ってください。理由は生にんにくを使うとその粒が残ってしまい、生春巻きを食べたときに、にんにくの味が先に来てしまうからです。この豚肉はあくまで生春巻きの中に入るものなので、生春巻きの風味を損ないたくないから。これはプロのこだわりです。

・ライスペーパーを濡らすのは、霧吹きがおすすめです。揚げ春巻きのページ (P32) に詳しく扱い方が書いてあります。

・春野菜は苦いので、野菜の量をやや少なくします。野菜の何かだけが多いと、味の調和がとれないので注意。

・中に米麺が入っていたり、ライスペーパーを水で戻すことから、食中毒を防ぐため、作り置きはしないこと。

材料

豚かたまり肉	350g	**具材**	
エビ	少々	きゅうり	5g
		大葉	数枚
A		サニーレタス	数枚
砂糖	5g	ニラ	数本
鶏がらスープの素	2g	米麺	適量
シーズニングソース	7g		
ガーリックパウダー	5g	ライスペーパー (27cm大)	1袋
ごま油	4g		
塩	1g	**ベトナムちゃん特製赤味噌だれ**	
こしょう	適量	赤味噌	50g
エビ	数尾	砂糖	40g
		水	66g

Step 01

生春巻きの具を作る。豚かたまり肉、Aの調味料をファスナー付き保存袋に入れ、よく揉んで2時間ほど漬け込む。

Step 02

エビを茹でて冷ましておく。

Step **03**

01の豚肉をアルミホイルに包み、240℃に予熱したオーブンで肉に完全に火が通るまで焼く（約35分）。そのましばらく、保温した状態で置いておく。冷めたら、薄切りにする。

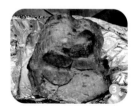

豚肉、エビの上に大葉、サニーレタスを置く。

きゅうり、米麺を乗せる。

Step **04**

ライスペーパーを濡らし、具を入れて巻く。

しっかりと、ライスペーパーを巻いていく。

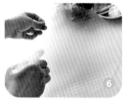

一周巻いたところでニラを置く。

霧吹きでライスペーパーに水をかける。

ライスペーパーに豚肉とエビを置く。

Step **05**

完成！乾きすぎてライスペーパーがバリバリになってしまったら、霧吹きで水をかけるとまたしっとり感が戻ります。でもやっぱり出来たてのフレッシュさが美味しいので早く食べてほしい。自家製の赤味噌だれ（作り方は右ページ）をたっぷりつけて、手掴みでかぶりついてみて！

Point!

ぎゅっとしっかり巻くこと！

これが大切。巻き上がって、ライスペーパーが乾くころには、ぱりっとした形になるから食べても中身がボロボロ落ちてしまうような「ヤワな生春巻き」にはなりません。ベトナムちゃんで提供する生春巻きは、食べたときに、断面ぎっしり、それなのにボロボロすることはない、「強い生春巻き」なのです。

キレイに折りたためると出来上がりの生春巻きのシルエットがびしっと美しくなります。

ニラを一本入れて、しっぽのようになるように飾ります。これは昔から必ず、生春巻きには付きもの。なぜか一本。なぜか片方（笑）。

特製赤味噌だれは、鍋にたれの材料すべてを入れて火にかける。砂糖が溶けて少しねっとりして、艶が出てきたら完成です。ピーナッツやチリソースとも合います。

⑮

蒸し春巻き
Bánh cuốn

蒸し春巻きの粉

　このメニューも、準備さえしておけば、あまりにも簡単にとても美味しく作れるので、実はレシピ本に入れようか真剣に迷ったものの一つです。お客さん、いなくなっちゃうんじゃないかしら！

　バインクオンと呼ばれるこの「蒸し春巻き」は朝ごはんに食べたり、テイクアウトしてきて食べたりする軽めのおやつのような位置付けです。専門店では、こればかりを専門に作る職人がいて、美味しいと評判の店はいつもにぎやか。私にもお気に入りのお店が、ホーチミンにあります。ベトナム人の友人とバイクに乗って土曜日の朝一緒によく食べに行きました。つるんとして、のど越しが良く、食べやすい。たくさん食べたようでも、もやしや、きゅうり、レタスなどと軽く混ぜてヌックマムソースとなますで食べると、知らない間に野菜をたっぷりとれるため、お腹もいっぱいなのに、重くなりすぎない、ヘルシーな一品です。

材料

蒸し春巻きの粉	……160g	フライドホムデン	
片栗粉	……40g	（P27 参照）	…………少々
塩	……4g	もやし	………適量
水	……460g	レタス	………適量
		きゅうり	………適量
具の材料		なます（レシピ P23）	適量
豚ひき肉	……200g	パクチー	………適量
きくらげ	……40g	青ねぎ	………適量
玉ねぎ	……40g		
ホムデン	……20g	**基本のヌックマムだれ**	
にんにく	……15g	（P26 参照）	………適量
鶏がらスープの素	1g	油	…………少々
塩	……2g	ごま油	…………少々
砂糖	……5g		
こしょう	……少々		
水	……30g		

Step 01

きくらげ、玉ねぎ、にんにく、ホムデンをみじん切りにする。

Point!

蒸し春巻きの皮を置くためにラップを巻いた皿を用意しておく。または底が平たいザルがあれば、ひっくり返すときに下の脚の部分が取っ手になる（③）うえ、ザルなのでもちもちした米粉のクレープがつかず、とても便利。

Step 02

具を作る。熱した鍋に油をしき、にんにくとホムデンを入れ、炒める。玉ねぎ、豚ひき肉の順に加えて炒

める。火が通ったらきくらげを加え、塩、砂糖、鶏がらスープの素、水を入れて肉の色が変わるまで炒める。最後にこしょう、ごま油を入れてもうひと炒めしたら、具の完成。

Point!

時間のあるときに具を大量に作って冷凍しておけば、次回必要なときにレンジでチンすると、あっという間に具の用意ができます！

Step 03

蒸し春巻きの皮を作る。蒸し春巻き用の粉、片栗粉、塩を水に溶かし、蒸し春巻きの皮の液を作る。直径22〜26cm程度の底の平らなフライパンに油をひいて熱し、フライパンが温まったら蒸し春巻きの皮の液を入れ、焦がさないように弱火で熱する。

Point!

フライパンに皮がくっつきすぎた場合、油をヘリから少量回し入れてください。

Step 04

表面がボコボコしてきたら、ラップを巻いた皿を片手に持ち、さらにフライパンをもう一方の手に持つ。フライパンを裏返して皿の上にのせ、蒸し春巻きの皮を皿に落とす。

Step 05

04の春巻きの皮に02の具をのせ、巻く。

Step 06

05を食べやすい大きさに切り分けたら、器にレタスと切ったきゅうり、パクチー、もやし、なますを添え、きざんだ青ねぎ、フライドホムデンをかけて完成。基本のヌックマムだれと一緒に野菜と軽く混ぜてどうぞ。一本が長いときには、ハサミで切って取りやすくして食べてください。

Salad

もやしとニラの高菜入り和え物

Dưa cải chua với giá hẹ

コムビンヤン（Cơm bình dân）と呼ばれる庶民的な屋台や、昼にどこからともなく街に出てくる屋台のサラメシ屋のご飯の横に、ちょこっと見かけるメニューです。もちろん家庭の食卓にもよくのぼっていて、ばりばりぼりぼり食べながら白ご飯をまた食べちゃうんです！

チリソースが入っていますが、それが辛味というよりも爽やかさを感じます。このレシピのために家庭用の量を何度も作っては、お店のベトナム人スタッフに食べてもらいましたが、「んー旨い（むにゃむにゃ）」と言ってぼりぼり食べていました（笑）。

材料

もやし	120g	漬け込み液 A	
ニラ	25g	砂糖	110g
高菜漬け	120g	鶏がらスープの素	5g
人参	50g	チリソース	22g
生姜	20g	酢	110g

Step 03

02に01を入れ、軽く揉む。50分ほど漬け込む。

Step 01

ニラを5cmの長さに切る。人参は5cmの細切りにする。生姜は細切りにする。高菜漬けを食べやすい大きさに切る。もやしを洗う。

Step 04

漬かったものを皿に盛れば完成。

Step 02

漬け込み液Aの材料をボウルに入れ、砂糖がある程度溶けるまでよく混ぜる。

We Yêu Việt Nam!

なます

Đồ chua

　これがないとベトナム料理は始まらない！ それが「なます」です。食欲がない真夏でも甘くて酸っぱいものは食べやすいので、夏が長いベトナムには、酢の物が欠かせない健康食。暑い時期、ベトナムでお肉を食べる際には、必ず一緒に提供されます。ベトナムでのエピソードですが、ソーセージを買ったら小さなポリ袋になますがたっぷり入って付いてきました。「買ってない」と言うと「なますと一緒に食べたほうが美味しいからソーセージを買えば付いてくるのよ。お肉だけだと胸が詰まるでしょ！」と言われて、ビックリしたのを覚えています。そのまま食べる・ヌックマムだれに入れて食べる・米麺のサラダヌードルに入れて食べる・古くなったなますを固く絞って水気を切って揚げ春巻きに入れてたねにして使う・お皿の横にちょこっと添えてお口直しに食べる・葉っぱでバインセオを包んで中に少し入れて食べる……など活用法はさまざま。どこにでも、いつでも登場するのがベトナムの「なます」なのです。

材料

大根	150g	漬け込み液A	
人参	50g	砂糖	110g
		塩	5g
		水	100g
		酢	150g

Step 03

ファスナー付き保存袋に02を入れ、シャキシャキ感を残すためにすぐに冷蔵庫に入れます。一晩寝かせるとより味がしみて美味しくなります。

漬かれば漬かるほど美味しいのですが、野菜は歯ごたえシャキシャキにしたいと言うと、「すぐに冷蔵庫に入れるのがおすすめだよー！」とスタッフが一斉に教えてくれました。

Step 01

大根と人参をできるだけ細く、千切りにする。ボウルに入れて、大根と人参が均一になるように混ぜる。

是非!!
お試しください

Step 02

01に漬け込み液Aを入れ、軽く揉む。

ブロッコリーの芯と人参のピリ辛漬物

Lõi bông cải và cà rốt ngâm chua

　ベトナムの食卓には漬物や酢の物といった「箸休め」的なものがたくさん並びます。野菜の切りくずを使ったり、野菜が安いときなどに大量に買い、せっせと漬け込んで常備菜を作っています。

　このブロッコリーの芯の漬物は、にんにくや唐辛子のパンチもあるし、何より甘酸っぱいのが東南アジアを感じさせます。ベトナムちゃんでも、ブロッコリーのつぼみを使ったあとの残りの芯で賄いとして作っていましたが、あまりにも美味しいので、今では芯が欲しくてブロッコリーを買ってきてもらうほどです。

材料

ブロッコリー	125g	漬け込み液C	
人参	125g	酢	125g
		砂糖	100g
水だし用調味料		刻みにんにく	小さじ1
A　塩	7.5g	赤唐辛子	3本
砂糖	6g		
B　塩	7.5g		
砂糖	6g		

Step 01

ブロッコリーのつぼみと芯を切り離す。芯の皮を粗くむき、1〜2mmの薄切りにする。濃い緑色のかたい部分の皮も漬け込んでしまえば、歯ごたえが残る程度に柔らかく美味しくなるので、皮を剥きすぎないこと。すじは残るので、要らない部分だけは取る要領で。人参は半月状に薄切りにする。漬け込み液Cの唐辛子は一本を4等分ほどの大きさに切る。

Point!
ブロッコリーの皮は多めに残しても、漬け込み時間を長くすれば、しんなりするので大丈夫。お好みでどうぞ。

Step 02

01のブロッコリーの芯と人参を別々のボウルに入れ、それぞれに、水だし用調味料A、Bを入れる（別々にすることで、黒くなるのを防ぎます）。野菜から水分が出るまで待つ。

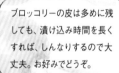

Step 03

30分ほど待ち、野菜から水分が出たら絞り、水で軽く洗う。

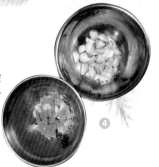

Step 04

ボウルに漬け込み液Cの材料をすべて入れ、よく混ぜる。03のブロッコリーの芯と人参を入れ、一晩漬け込む。

一晩おくとツヤが出てきます。ツヤが出てきたら食べ頃です。

完成！ 瓶に入れて冷蔵庫に保存しておけば、立派なおかずです。

えびせんべいの揚げ方

Cách chiên bánh phồng tôm

日本でもさまざまな種類のものが手に入ります。味がかなり違うのでいろいろ試してみるとよいでしょう。

えびせんべいは、ベトナムの和え物サラダと、必ず一緒に提供されます。あまりにも当たり前に一緒に出てくるので、「なんでこれがないといけないんだろう?」と不思議に思ったものです。ベトナムちゃんをオープンしてすぐに理由がわかりました。

和え物サラダはすぐに食べないと水っぽくなり、その状態でえびせんべいにのせて食べると、えびせんべいがふにゃふにゃして美味しくなくなってしまう。いわば "出来たての和え物サラダであるかどうか" が試される「お供」なのです。

レストランで楽しい会話が弾んで、しばらく時間が経ってしまうと和え物サラダもえびせんべいも美味しくなくなってしまいます。心を込めてお料理を作っているので、この説明をさせていただいて、なるべくフレッシュ感を楽しんでもらえるよう、早く召し上がってほしい一品なのです。

材料

ベトナム風えびせんべい	必要な量
揚げ油	適量

Step 01

揚げ油を熱し（160℃くらい。あまり高温にしすぎないこと）、えびせんべいを入れる。

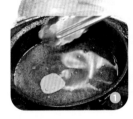

Step 02

写真②のようにクルンと変形したら……。

Step 03

すぐに裏返す（写真③参照）。

Step 04

裏返すとどんどん膨らんで浮かんでくるので、箸やトングで少し押さえます。写真⑤くらいの大きさになったらすぐに取り出します（この間数秒。えびせんべいの色が薄いピンク色になったら油から出します。オレンジ色は揚げすぎです）。

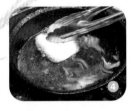

写真⑦のような感じです。えびせんべいの色が薄いピンク色で、さくさく感がでるくらい揚げてください。

Step 05

油が落ち着いて、熱が完全になくなったら、ポリ袋に入れておけば湿気が防げるので長持ちします。

Salad

開店した直後、他のベトナム料理店によく食べに行きました。各店で、えびせんべいがあまりにも違うことに驚きました。

飲食店には大きなフライヤーがありますが、高温になりすぎるとあっという間に大きくなって、とても薄い、風味がないものになってしまいます。高温になりすぎないことに注意しながら、小さな鍋で一つ一つ丁寧に揚げると、サクサクとした食感の、驚くほど美味しいえびせんべいになります。お家でも楽しめます。

ヌックマムだれ3種類

Ba loại nước mắm chấm

ヌックマム（タイ語ではナンプラー）のボトルを買ってはみたものの、冷蔵庫にそのままになってしまっていませんか？ そんなときには、たれを作ってみましょう。ヌックマムはそのままだと酷いニオイを発すると感じる方もいます。火を通せば、ニオイは軽減します。慣れてくれば、最高に美味しいニオイになってくるから不思議

な調味料です。ここではレモン汁を使いますが、お酢に替えてみたり、ライムや、私が住む沖縄のシークワーサーなどを絞って使っても、本当に爽やかなフレッシュ感を楽しめます。はじめは基本形で慣れてみて、そのあとはご自身でカスタマイズしてみたら、バリエーションが楽しめますよ！

基本のヌックマムだれ

Nước mắm chấm cơ bản

甘めのたれです。これ一つでかなりアジア感たっぷりに！ これはブンヌードルにかけたり、揚げ魚にかけて食べたりすると美味しいです。

材料（作りやすい分量）

水	11g	にんにく	5g（お好みで増減）
レモン汁	16g		（細かく刻んだもの）
砂糖	30g	唐辛子	1.5g（お好みで増減）
ヌックマム	14g		（細かく刻んだもの）

Step 01

水、レモン汁、砂糖、ヌックマムを小さなボウルに入れてよくかき混ぜる。

Step 02

ラップをして、20秒ほどレンジで加熱するとほんのり温かくなるので、またよくかき混ぜて砂糖を溶かす。

Step 03

にんにく、唐辛子をお好みで入れる。

Memo

お店では一回につき2ℓ以上出来てしまうので、調理方法や量は家庭用にしてあります。「ベトナムちゃん」は南部のお料理がメインなので、甘め。北部は砂糖がぐんと少なく、塩っぱい感じ。味見をしつつ、お好みで調味料をそれぞれ増減してみてください。食べ切りの場合には、レンジを使わなくても大丈夫。でも少し温めると、よく混ざり合ってまろやかになります。保存したい場合は、必ず火を入れてください。火を入れておけば、冷蔵保存で4〜5日使えます。

揚げ春巻きのヌックマムだれ

Nước mắm chấm chả giò

揚げ春巻きや揚げ物などに向いているたれ。

Step 01

基本のヌックマムだれに湯30g加える。

サラダ・和え物のためのヌックマムだれ

Nước mắm chấm dùng cho gỏi và đồ chua

たっぷりの野菜や和え物に使います。和えるだけで美味しい無限ループの和え物調味料としても、サラダのドレッシングとしても◎。千切りキャベツに大葉も刻んで、砕いたピーナッツを上から散らして、このソースをかけたら本当にいくらでも食べられちゃいますよ。

Memo

レンジで温めなくても構いませんが、すべての調味料が調和するのと、保存がきくようになります。にんにくと唐辛子を入れてからレンジで温めると風味が飛んでしまうので、必ず最後に入れること！ヌックマムもあまりに熱くすると風味がなくなってしまうので、レンジの加熱時間や温度に注意。

Step 01

基本のヌックマムだれに3〜4gの塩を加える。

✳✳✳✳★✳✳✳✳ 作り置き調味料各種 Gia vị chế biến để sẵn ✳✳✳✳✳✳✳✳✳

作り置き調味料は、近頃では手軽に小袋に入ったものなど売っています。それを買って必要な量だけ使うのもあり！ ただ、やはり自分で作った自家製の美味しさは違うのです！

手間がかかる作業で、買ったほうが安いのかもしれないけれど、その香ばしさや、サラダなどにかけたときの味の深みは、手作りのものが最高！ フレッシュなのもポイント。

飲食店ではびっくりするくらいたくさん仕込みますが、使う量も

毎日すごい！ 家庭ではそうそう使うこともないので、小さな小瓶程度の量を作って、いろんなものにかけて試してみるとよいかもしれません。私は、冷ややっこにもサラダにもかけています。醤油との相性も抜群です。揚げたチップと油に分けて保管しておいて、使う直前に油の中に入れるのもコツ。美味しさが長持ちするのと、香りの良さが楽しめます。換気のため、窓をしっかり開けて、にんにくや、ホムデンを揚げてくださいね。

にんにく油と
カリカリ揚げにんにくチップ
Dầu tỏi và tỏi phi

材料 (作りやすい分量)

にんにく ⋯⋯⋯⋯ 60g　サラダ油 ⋯⋯⋯⋯ 400g

Step 01

にんにくをみじん切りにし、水で洗って、乾くまで待つ。

Step 02

鍋にサラダ油を入れ、あまり高温にならない程度に温度が上がったら、にんにくを入れる。焦げやすいので、弱火で揚げる。

Step 03

きつね色になるまで揚がったら完成。揚げたにんにくチップと油をこして別々の容器に保存します（風味を損なわないため）。にんにく油を使用する際に、揚げたにんにくチップを入れ、使います。

Point!

カリカリの揚げにんにくチップは別にしておく。にんにく油が必要なときにこれを入れ足すと、より一層、香りや旨味が強くなって楽しめる。カリカリ揚げにんにくチップもサラダに散らしたりすると美味しい！ 4〜5ヵ月使えます。

フライドホムデン
Hành phi

材料 (作りやすい分量)

ホムデン（赤わけぎ）⋯⋯作る量　揚げ油 ⋯⋯⋯⋯ 適量

Step 01

ホムデンを薄切りにします。

Step 02

01を揚げ油で揚げて完成です。1ヵ月は美味しく使えます。

ねぎ油
Mỡ hành

材料 (作りやすい分量)

青ねぎ ⋯⋯作る量　塩 ⋯⋯⋯ 適量　サラダ油 ⋯⋯ 適量

Step 01

断熱容器に、小口切りにした青ねぎ、塩、サラダ油を入れ、ラップして50秒ほど加熱したら完成。

Salad

パクチーとベトナム料理の関係

ベトナムちゃんのお客様もパクチーが大好きな方が多いです。

以前、「パクチーを、もっともっともっとください」とおっしゃるお客様がいらっしゃいましたが、際限のない"パクチー増し増し"に、ベトナム人シェフがしまいには激怒してしまいました。「あんなにパクチーをのせたらせっかくの味も何もないだろう。味がわからない日本人だな。それならパクチーを買って食べたほうが安いじゃないか！」と。プロのシェフが心を込めて作る料理です。確かにそれはないかな、と思いつつも、何事もバランスがあるのだなと学びました。

それからは「焼きサンマと大根おろし」の話を例にお話することも。焼きたてのサンマに大根おろしは日本人には欠かせませんが、サンマよりもたくさん、丼一杯大根おろしをのせてしまうと、メインの良さを消してしまうばかりでなく、何が主役かもわからなくなってしまいますよね。

また、パクチーが苦手＝ベトナム料理が食べられない、というお話もよく聞きます。食べたことがないお料理を、「パクチーは食べられない」という、それだけの理由で食べないのは本当にもったいない！ ベトナム料理＝パクチーではないのです。美味しいスープやたれもありますから、ぜひ試してみてください、とまずはお話しします。会社の歓送迎会などで"ただ連れてこられた"ベトナム料理未経験の日本人男性も、帰り際には「美味しかった〜」と言ってくださり、そのあとにご自身で来店してくださったりすると、本当に嬉しいです。

以前「パクチー以外のハーブが東京で入手困難ならば、植えてみよう！」と畑を持っている友人にベトナムのハーブを植えてもらったことがあります。「これでハーブ好きなお客様に喜んでもらえる！」とスタッフみんなで大喜び。「味も本当にベトナムだ！ 美味しい！」ということで、お客様のお皿にのせてサービスをしたところ、ほとんど手つかずのまま。残ったハーブを見て、とても悲しくなった経験がありました。

このパクチー以外のハーブも、もちろんベトナム料理とイコールではありませんので、ご安心ください。

何度も何度もベトナム国内のあちこちでベトナム料理を食べ続けている私の場合、このハーブは鶏肉と合わせるんだな、これは牛肉なんだな、ということも、だんだんわかってきました。

難しいルールはありませんが、「美味しい組み合わせやバランス」は存在するのです。

ベトナムちゃんヌックマム唐揚げ

Gà chiên nước mắm Vietnamchan

2021年6月末まで新宿2丁目で営業していた「ベトナミング」ですが、実はベトナムちゃんの姉妹店。

私自身も沖縄に拠点を移したり、新店舗を出したこともあり、お別れすることに。ベトナミングでの大人気メニューがこの、ヌックマム唐揚げでした。サクッとした唐揚げにヌックマムの甘塩っぱい、なんとも言えないタレが絡まり、白ごまも豪快に散らしたとあれば、白ご飯も無限に食べられちゃう！ もちろんビールやハイボールにも合う、素晴らしい唐揚げです。

今はベトナムちゃんがお届けする、という意味も込めて「ベトナムちゃんヌックマム唐揚げ」としてご紹介！

材料

鶏もも肉	200g	揚げ油	適量
にんにく	4g		
		にんにく油(P27参照)	適量
A		白ごま	適量
オイスターソース	10g		
シーズニングソース	5g	キャベツ	適量
砂糖	2g	きゅうり	適量
鶏がらスープの素	0.5g	なます(P23参照)	適量
片栗粉	15g		
てんぷら粉	15g		

Step 01

鶏もも肉を一口大に切る。にんにくをみじん切りにする。キャベツは千切り、きゅうりは斜め薄切りにする。

Step 02

ボウルに鶏もも肉、にんにく、Aを入れて揉み込み、30分〜1時間漬けておく。

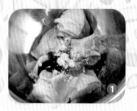
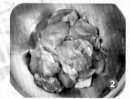

Step 03

片栗粉、てんぷら粉を混ぜ、02に入れる。

Step 04

揚げ油を用意し、03を入れて、鶏肉の中心まで完全に火が通るまで揚げる。

Step 05

ボウルに04の唐揚げとにんにく油を入れ、混ぜ合わせる。

Step 06

キャベツの千切りを敷いた皿に唐揚げを盛り、白ごまをかける。きゅうりとなますを添えて完成。

手前から揚げ春巻き（レシピP32）、ブロッコ
リーの芯と人参のピリ辛漬物（レシピP24）、ベ
トナムちゃんヌックマム唐揚げ（レシピP30）

サイゴン風 (南部) ベトナムちゃん特製 揚げ春巻き

Chả giò đặc biệt Vietnamchan kiểu Sài Gòn

　子供も大人も大好きな揚げ春巻き。ベトナムでは北部と南部で大きさも名前も違います。

　南部はチャーヨーと呼ばれ、小さい一口サイズなのに対し、北部はネムザンと呼ばれ、大きな一本をハサミで3〜4つに切って食べます。

　冷凍食品がまだベトナムになかった頃、みんなが集まるときには、女性たちは台所の隅でおしゃべりしながら、大量の揚げ春巻きを巻き続けていたのが印象的でした。今では、手軽な冷凍の揚げ春巻きが、ベトナム人の家庭でもよく利用されているようです。

　ベトナムちゃんではランチの分を含め、大量に仕込みをします。材料のもとになるものを、少しでも手が空いたら黙々と準備し、それを合わせ、一つ一つの肉団子にして重さを均一にします。これはかなりの忍耐力が必要な作業ですが、お客様が大好きなメニューだから仕込まないと間に合わないよ〜と楽しそうに巻いていきます。

材料

豚ひき肉	300g	砂糖	16g
さつまいも	80g	こしょう	少々
人参	20g	ごま油	5g
むきエビ	100g	揚げ油	適量
戻した春雨	40g	ライスペーパー(直径約16cm	
玉ねぎ	30g	程度)	1袋
にんにく	15g	揚げ春巻きのヌックマムだれ	
戻したきくらげ	20g	(P26参照)	適量
鶏がらスープの素	3g	サニーレタス	適量
塩	2g	なます	適量

Point!

ライスペーパーを濡らすのは霧吹きを使うと便利

むきエビの背ワタは裁縫道具のニッパーを使うと取りやすい

Step 01

さつまいもと人参は細切り、玉ねぎ、にんにく、水で戻したきくらげは、みじん切りにする。むきエビは背ワタを取り、みじん切りにする。水で戻した春雨は食べやすい大きさに切る。

Step 02

ボウルに豚ひき肉を入れ、塩、こしょう、鶏がらスープの素、砂糖、ごま油を入れて練る。

Step 03

01で切った材料をすべてボウルに加え、さらによく練る。

Step 04

ある程度の粘り気が出て、中身が均等に混ざったら、約25gずつに分け、肉団子の山を作っておく（同じ大きさにしておくと、揚げたときに同じ時間で火が通るため）。

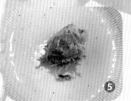

Step 05

ライスペーパーを水で濡らし（霧吹き推奨）、04を上にのせ、巻いて春巻きを作る。

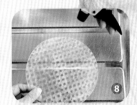

Step 06

均一にならすために、巻いた向きと同じ方向へ軽くころがす。

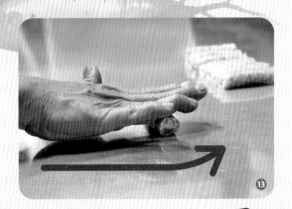

Point!

巻き上がった春巻きはくっつかないように少し隙間をあけてバットに並べる。

くっついてしまうとそこから穴があいてしまい、揚げたときに破裂してしまうため。

A la carte

Point!

↓ライスペーパーが少ししわしわになって、しかもまだ固いときが一番良い巻き時。

↑ライスペーパーに霧吹きをかけて濡らしたときに、余分な水分は布巾にのせて取る。

↓ライスペーパーに肉団子がいろいろなところにくっつくと、そこが焦げてしまうのでライスペーパーは清潔な状態を保っておくこと。

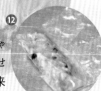

↑ライスペーパーが水っぽすぎてふにゃふにゃだと、きちんと折り目が出せません。写真のように折り目がしっかり出来る、固い状態かを見極めて巻きます。

Step **07**

揚げ油を用意し、中に火が通るまで揚げる。二度揚げをするとさらにパリッとした食感が楽しめます。

シェフが教えてくれたアドバイス

毎回一から揚げるとかなり時間がかかるので、7割程度揚げてから冷凍してもまた美味しい。
食べる前に揚げ直すと揚げたてを楽しめます。

その日に食べない分は揚げずにそのまま冷凍する。

揚げ春巻きのヌックマムだれ（P26参照）と、サニーレタス、なますと合わせてどうぞ。

揚げ春巻きの仕込み中。黙々と一つ一つ重さをはかり、肉団子にしている様子。

ベトナムの食材、『熱い』『涼しい』？

ベトナム語を少しずつ理解し始めてきた頃に、「暑いからマンゴー食べたくない」とか、「空芯菜の煮汁にレモン汁を絞ったスープは涼しくなるから飲みなさい」とか、食べ物に「熱い」「涼しい」がどうやらあるみたいだな、ということを知ります。

彼らが一番うるさく言うのは、果物。生のライチは旬が2週間ほどしかないし、旬の時期は、ハノイの街中がライチ売りの自転車だらけ。しかも安い！2kgも3kgも買い込んで、丁寧に洗ってボウル一杯食べようと張り切っていたところを大家さんに見つかってしまいました。「そんなにライチをたくさん食べたら、暑くてどうしようもなくなるからやめなさい。具合が悪くなりますよ」と。

熟した黄色のマンゴーも美味しいからと言ってたくさん食べようとすれば、同じことを言われます。冷蔵庫に入れておいたか否かの、『温度の問題』ではないのです。その食べ物の持つ、個々の特性が、食べた人の身体の中に熱を生じさせるのか、はたまた、身体の熱を取り除いてくれて涼しくしてくれるものなのかを決めるのです。

初めてベトナムに留学したときには、食べ物一つ一つについて、熱いとか涼しいとか、冷えるとかをベトナム人の友人たちから教えてもらいました。彼らは当たり前に、それを話題にしながら食べるのです。「今日は暑いから、これを食べたら涼しくなるよ！」と。

ベトナム留学を終えてから何十年もたって、中医学の薬膳を学んだときに、この概念を体系的に学ぶチャンスに恵まれました。「ああ！大家さんが言っていたことは、これだったんだ〜！」と納得。ベトナムと中国は陸続きですから、中医学の考え方が生活に根付いていても不思議ではありません。毎日、来る日も来る日も暑いベトナムで、毎日の食事からどうやって暑さに負けない身体を作るのかという知恵として、今でもベトナム人たちは実践しているのです。

ちなみに、ハーブはそれぞれに解毒作用や清熱作用がありますが、土よりも上に成る軽い葉っぱは、概して身体の熱を取り除く作用があります。ハーブをベトナム料理で多用するのは理に適っているのです。インドやタイなど、ベトナムとは違う暑い国では、ハーブやスパイスを、ベトナムとは違う使い方をします。温度や日光の強さや、湿気などによっても使い分けてその恩恵を受けるように、生活の知恵が郷土料理にはあるのです。中医学の漢方薬としてももちろん使われるので、まさに気候や体調、その人それぞれのコンディションに合わせて食べるハーブは「医食同源」です。

イカ・セロリ・パイナップル・トマトの炒め物

Mực xào chua ngọt với cần tây, cà chua, thơm

このメニューが素晴らしいのは、色とりどりな南国風の炒めものであること！白、緑、黄色、赤がフレッシュで鮮やか。油が回った艶で輝いています。パイナップルやトマトを炒めるとそれだけでとろんとして、甘味が増して、これまた本当に美味しい。イカの持つ旨味も、セロリの独特な風味とシャキシャキ感と合う。ヌックマムは魚醤なだけあって、海鮮との相性も抜群。長く炒めると水分が出てきてしまうので、すべての用意をしてから強火でざっと火を通すのが、美味しさを閉じ込めるポイント。出来上がったら、すぐに食べてください。長く置いてしまうと、野菜からの水が出てしまい台なしに。パイナップルの甘味もそれぞれ異なるし、野菜によっても味が変わります。

材料

イカ	100g	鶏がらスープの素	4g
セロリ	50g	塩	1g
きゅうり	100g	ヌックマム	10g
パイナップル	130g	油	10g
トマト	130g	粗びきこしょう	お好みで

下準備

イカはボイル済みを買うか、さっと茹でる。一口大の大きさに切る。セロリは1cm幅の斜め切りにする。きゅうりは縦半分にカット後、斜め切りにする。パイナップルは1cm幅にスライス後、一口大にカットする。トマトは8等分のくし形切りにする。

Step 01

フライパンに油を入れ、馴染ませたあと、イカ、きゅうり、パイナップルを入れ、鶏がらスープの素と塩を加え、強火で水分を飛ばすように炒める。

Step 02

きゅうりがしんなりしてきたら、トマトとヌックマムを入れ、強火で炒める。

食べるのは時間勝負！長く置くと水分が出てきてしまいます。出来上がったら間髪いれずに食べてください〜!!

Step 03

トマトが温まったら、セロリを入れ、さっと炒めたら完成。皿に盛り、こしょうを振りかけて完成。

手前からエビのヌックマム甘塩っぱ炒め（レシピP44）、イカ・
セロリ・パイナップル・トマトの炒め物（レシピP36）、牛肉と
ブロッコリー＆カリフラワーの炒め物（レシピP41）

にんにくと空芯菜の炒め物

Rau muống xào tỏi

　空芯菜は北部の人たちがよく食べる食材ですが、ベトナムではどこにでも売られているので、安くていつでも側にある野菜です。さっと洗って、根元を切り落とし、適当な長さに切って、ざるにあげておく。フライパンを温めて、じゃじゃっと炒めたらすぐに食べられる"助かるおかず"。ベトナム主婦の強い味方です。日本とベトナムの空芯菜の違いは、香り。ベトナムの空芯菜はかなり香りが良く、安くたくさん買えるので、汚い傷んだところはむしり取って捨ててしまいます。にんにくのスライスとさっと炒めて、あっという間に出来ます。にんにくの香りが出てから空芯菜を炒めるのが美味しさのポイント。

材料

空芯菜	220g
にんにく	20g
砂糖	3g
塩	1g
鶏がらスープの素	2g
こしょう	少々
サラダ油	大さじ2
水	3g

Step 03

皿に盛るとき、水分はなるべくフライパンに残す。こしょうを振って完成。

❸

下準備

にんにくは厚めにスライスする。空芯菜は6cmほどの長さに切る。

Step 01

フライパンを熱し、サラダ油を入れ、にんにくを入れて炒める。にんにくが黄色くなり香りが立ち始めたら、すぐに空芯菜を入れる。にんにくは焦がさないようにしつつ、油としっかり馴染ませることがポイント。砂糖、塩、鶏がらスープの素、水を入れる。

Step 02

にんにくと空芯菜が焦げないように気を付けながら、2分ほど炒めたら火を止める。

牛肉ともやし ニラの炒め物

Thịt bò xào giá hẹ

ベトナム（特に南部）にいると、"もやし"をいつも食べている気がします。最初、ハノイの大学でベトナム語を学んでいましたが、1年半後にはホーチミンの大学に転校しました。その当時よく聞かれたのが、「ハノイとホーチミンとどちらが好き？」という答えに困る質問。あるとき、北部の人に怒りがある南部の人（戦争で財産を取られたから）が、「北のやつは空芯菜野郎だ！」と言っているのを耳にします。北部では空芯菜ばかり食べているから。それでは南部と言えば、「もやしばかり食べているもやし野郎！」と北部の人が言うのを聞いたこともあります。それから私は「空芯菜ももやしも大好きですよ」というふうにはぐらかして、「ハノイかホーチミン問題」を回避しています。みんな「外国人からこの切り返しはないぞ！」ということで最後は大笑い。確かに南では「もやし率」がすごく高い。フォーにも入れてむしゃむしゃ食べます。このメニューは全く"南北問題"には関係がないものの、山のようなもやしを見るといつも思い出します。

材料

牛肉(赤身)	100g	鶏がらスープの素	4g
豆もやし	200g	ヌックマム	7g
(なければ普通のものでも)		こしょう	お好みで
ニラ	50g	油	適量
にんにく	10g		

下準備

南部出身のベトナム人のレシピでは400gのもやしに。「さすがにこんなに食べられないよー」という量なため、それでも「もやしちょい多めな存在感」の量にしています。お好みで増減してみてください。

↓牛肉を一口大に切る。

↑ニラを洗って、長さ5cmくらいに切る。

↓にんにくを刻む。

A la carte

Step 01

フライパンに油を入れ、にんにくを入れて焦がさないように香りを出す。

Step 02

牛肉を入れ、ヌックマム全量と鶏がらスープの素を半量入れて、炒める。

Step 03

肉に火が通ったら、もやしと鶏がらスープの素の残りを入れて炒める。

Step 04

もやしがしんなりしてきたら、ニラを入れて、さっと炒めて皿に盛る。お好みでこしょうを振りかけて完成。

いんげん豆とにんにくのヌックマム炒め

Đậu que xào tỏi

　年中いんげん豆が売られているベトナムでは、どこででも見かけるシンプルメニューです。ベトナムではいんげん豆を切るときに左手に一本持って、右の手に包丁を持ち、それを自分側から外側へ向けてそぎ切りをします。日本では包丁は前の人に向けないように自分に向けるから反対です。

　一本一本いんげん豆を薄くなが〜く切ると、中にある豆が半分に切られたり、断面図のような切り口がとても華やか。これはまな板を使わないで出来るため、昔、何もないようなキッチンで便利な切り方だと納得。その薄く長い切り口には、よく味がしみこんで短時間で美味しく炒められます。ぜひ、細長いいんげん豆を、より細くながーく切ってみてください。私は辛いものが食べたいときには、乾燥の唐辛子を一本輪切りにして種は取り出し、にんにくと一緒に炒めます。ほんのりピリ辛で、これもまたすごくいい！

　シンプルな分、何度も作ると自分の「加減」ができてくる作りごたえのある一品です。

材料

いんげん豆（さやいんげん） … 200g	鶏がらスープの素 ……… 3g
にんにく ……………… 20g	こしょう ………… お好みで
油 ………………… 15g	

下準備

いんげん豆はへたを取って長さ4cmの斜め切りにして、にんにくは薄くスライスする。

Step 01

フライパンに油を入れ、にんにくを入れて焦がさないように香りを出す。

Step 02

いんげん豆と鶏がらスープの素を加えて、中火で炒める。

Step 03

いんげん豆がしんなりしてきたら、皿に盛り、こしょうをお好みで振りかける。

牛肉とブロッコリー＆
カリフラワーの炒め物

Thịt bò xào bông cải xanh và bông cải trắng

これはベトナム風の炒め物の手法だな、と思う一品です。日本では“お肉には塩こしょう”が下味の王道ですが、ベトナムでは肉を漬け込んでおきます。お肉がぱさぱさだったり、そこまで高級でなくても大丈夫です。味を入れた後に、サラダ油も一緒に垂らして揉み込んでおくだけで程よい滑らかさが簡単に加わります。最後に水溶き片栗粉を入れることで、ブロッコリーとカリフラワーのつぼみの中にもたっぷりと美味しいソースが絡んでくれるので、噛めばじゅわっと美味しさが口の中に広がります。

これで美味しく炒めるコツを学べたら、ほかでも応用できそうなオイシイ一品なのです。

材料

牛かたまり肉（柔らかければどの部位でもOK。一番のおすすめはヒレ）60g		オイスターソース ……… 10g	
		水 ……………………… 100g	
ブロッコリー ………… 50g		にんにく ………………… 4g	
カリフラワー ………… 50g		片栗粉 …………………… 4g	
赤ピーマン …………… 少々		ごま油 …………………… 4g	
		白こしょう …………… 少々	
砂糖 ……………………… 3g			
塩 ………………………… 1g		サラダ油 ………… 4g／4g	
鶏がらスープの素 ……… 1g		こしょう ……………… 少々	

下準備

❶鶏がらスープの素と塩を混ぜる。❷牛肉は60gを6枚くらいに切り分けられる程度の厚さの薄切りにする。ボウルに入れ、にんにく4gと白こしょうを入れ、よく混ぜ込み、サラダ油4gを加えてよく混ぜる。ベトナムでは、あらかじめ肉に下味をつけることが多い。少々パサついた肉でもサラダ油をまぶしておくとジューシーになります。ブロッコリー、カリフラワーはつぼみの部分だけを使う。つぼみの部分を一つ一つ切り離す。ブロッコリーは20秒、カリフラワーは1分茹でる。

Step 01

フライパンにサラダ油を入れて熱する。にんにくを入れて、焦がさないように注意しつつも香りが出るように黄色くなるまで炒める。ここはポイント！ 大きな鍋を使うと鍋にサラダ油を使われてしまうので、その分少し油を足すこと。にんにくと油がよく混ざり、しっかり香りが出てくるのがとても大切です。これができていないと味がしゃんとしません。

Step 02

牛肉、ブロッコリー、カリフラワーを入れて炒め、砂糖、鶏がらスープの素と塩を混ぜたものに、オイスターソース、水を入れる。水分を飛ばすように、強火でよく炒める。手早くちゃちゃっとやる。

Step 03

肉と野菜に十分に火が通ったら、最終的な味見をして、味の調整をする。味が決まったら、少量の水で溶いた片栗粉を入れ、とろみをつけひと煮する。仕上げにごま油を回し入れる。

Step 04

皿に盛り、こしょうを振りかけて切った赤ピーマンを飾り完成。

A la carte

Point!

にんにくをよく油に馴染ませて炒め、香りを出してからは水を手早く強火で飛ばすのがポイントです。最後にこしょうをかけると、メリハリのついた美味しい炒め物が出来ます。お店と家庭のコンロは火力が違いますが、一つ一つ丁寧にやると美味しくできます。

コーンと桜エビの
バターヌックマム風味炒め

Bắp xào bơ với tép

これは箸休め的な存在でありながら、手軽なので小腹が空いたり、夜中の屋台でも出てきたり、もちろん家でもおやつとして食べたりする庶民のおやつ的なメニューです。

日本では桜エビなどでも美味しくできます。エビの大きさや味によって量を変えて美味しいバランスを探ってみてください。

小さなお皿にもりもり盛って、これまた小さなスプーンですくいながら話を楽しむ……、そんな感じのイメージです。

コーンの甘味がまたエビと合うんだな～！ 缶詰コーンに乾燥エビでできるため、好きなときに手軽に作れます。栄養も豊富なので、少し甘辛にすれば、ご飯のおかずにもなります。

材料

缶詰のコーン	180g
（生のコーンを使う場合は缶詰ほど甘くないので、	
砂糖を少量、様子を見ながら加えてください）	
桜エビ	20g
バター	20g
青ねぎの白い部分	10g
青ねぎの青い部分	10g
にんにく	4 g
ヌックマム	2 g
鶏がらスープの素	1 g
サラダ油	大さじ1

Step **02**

フライパンを熱し、油を入れる。にんにくと青ねぎの白い部分を入れて炒める。

Step **01**

コーンは缶汁をきる。青ねぎを小口切りにする。にんにくは細かく刻む。

Step **03**

コーンを加えて炒める。鶏がらスープの素を入れ、全体にいきわたるように混ぜる。

Step 04

コーンに火が通ったら、ヌックマムを入れる。混ざったら、桜エビを加えて炒める。

Step 05

桜エビに火が通ったら、バターを加える。バターを入れてから長く炒めすぎると、バターの風味が損なわれるので、その前にはすべてのものに火が通っていることがポイント。皿に盛り付け、青ねぎの青い部分を散らしたら出来上がり。

Memo

ピリ辛を楽しみたいときには、チリソースをバターが溶けたあとにお好みの量入れるとまた美味しくなります! ベトナムの屋台おやつメニューの出来上がりです。

みんなで食べたら美味しい!

ベトナムでスープや料理によく使われる小さな乾燥エビはTôm Khô と呼ばれるもの。ぷっくりと肉厚で噛むと濃厚な味わいのため、美味しいスープの出汁にもなります。

日本の桜エビは平たくてぱりぱりです。
(左:日本の桜エビ、右:ベトナムのエビ)

Point!

エビのヌックマム甘塩っぱ炒め
あまじょ

Tôm ram nước mắm

　頭はないけど、柔らかい殻が付いたエビを、ヌックマム、玉ねぎ、青ねぎと一緒に、絡めながらさっと炒めます。日本とベトナムのエビも多少違うため、殻が硬いのが苦手な方は殻を取って調理しても美味しい。殻なしの場合は少し大きめのエビを使うと存在感が出ます。ニャチャンという海の街の大衆食堂で食べたとき衝撃を受けた一品。焦げているのか！　と思うほど、茶色の色で出てくるものも。こしょうがすごく効いていたり、甘めの塩っぱさだったり。どれも個性が出て良い仕事をしています！白ご飯と絶対食べたい定番おかずで、簡単なのに奥深いなと思う一品。最後の「こしょう」はアクセントになり、粗びきがおすすめ。エビにソースをよく絡めて、白いご飯の上にのせたり、ビールのおつまみにも。無限に食べられる定番おかずです。

材料

ホワイトエビ（27〜30mmくらいの大きさ、無頭、殻付き。殻ごと食べるので殻が柔らかいものが良い。なければ殻をむく）…… 250g

玉ねぎ	150g	砂糖	15g
青ねぎ	50g	油	25g
にんにく	30g	水	30g
ヌックマム	20g	こしょう	少々

下準備

玉ねぎは厚めのくし形切りにし、青ねぎは5cmくらいの長さに切る。にんにくは刻む。エビは背ワタを取る。

エビは、殻の柔らかいホワイトエビがなければ、むきエビでも可。むきエビは小さく縮みやすいので、少し大きめのものを選ぶと食べごたえがある。ベトナムでは殻ごと食べますが、日本人には馴染みがないため、お好みで殻ありか、殻なしかをチョイス！

Step 01

フライパンを熱し、油とにんにくを入れ、焦げないよう香りを出す。

Step 02

エビを入れ、ヌックマム、砂糖を加えて炒める。

Step 03

エビに火が通ったら、玉ねぎを入れ、水を加えてさらに炒める。しっかりとエビにソースを絡めながら、水分を飛ばしていく。

Step 04

鍋底のソースがお好みの濃さになったら、青ねぎを入れ、軽く混ぜ合わせて火を止める。

Step 05

皿に盛り、こしょうを振りかける。

Ông Địa<ruby>オン<rt></rt></ruby><ruby>ディア<rt></rt></ruby>は、ベトナム人の心の拠り所、商売繁盛「地の神様」

ベトナムちゃんでは「地の神様」も、毎日お客様をお迎えしています。お店の入口、正面の地面に置く、というのがベトナムの「地の神様」のいらっしゃる場所です。日本人のお客様に、「神様を床に置くなんて!」とお叱りを受けることもありますが、この神様は地面の神様なので、床に置かなくてはいけないのです。きちんと素敵な神棚になっているところにお供えするので、日本人の皆様ご安心を。

とくに南ベトナムでは Ông Địa は大人気。商売をしている店舗、会社、個人宅、どこでもこの「地の神様」を目にすることができます。ベトナム人たちにとても愛されている神様たち、Ông Địa（地の神様）は男性 2 人組。2人の"おじさん"の神様が好きなものは、タバコやコーヒー。お金も大好き。でも一番好きなのは、女の人（笑）! なんとも人間みたいな神様で人気があるのもわかります。火をつけたタバコを神様の手に持たせたり、苦いコーヒーをお供えしたり、にんにくのかたまりや、お花、お菓子もたくさんお供えします。

「彼らが働き者だとお店は繁盛するよ〜。彼らは女の人が大好きだから、よく働いてもらうためには、神様たちをおっぱいの中に入れてあげると喜んじゃって、がんばってくれるよ!」

ベトナムちゃんを開店させたときに、友達のベトナム人男性がニヤニヤしながら、教えてくれました。そのときは、私も「ええ、そうなの〜?!」と笑っていましたが、驚いたのは数年後。当時一緒にその話を聞いていた、スタッフの日本人女性が衝撃の告白をしたからです。

「私、実は、地の神様をおっぱいの中に入れましたよ!」「ええ!!!!」

本当に驚きましたが、そのおかげで、ベトナムちゃんの地の神様は本当に今までよく働いてくれて、毎日お店を見守ってくれています。そこまでしてくれた女性スタッフにも感謝。

ベトナム人スタッフにとっては心の拠り所の神様たち。お供え物をしたり、お線香をあげたりして、今日もお客さんがたくさん来て、美味しいとニコニコしてくれますように! と、スタッフ一同手を合わせています。今では大切なベトナムちゃんの守り神です。

ベトナムで見つけたオン ディア

ベトナムちゃんのオン ディア

カインチュア

Canh chua cá

CANH はスープ、CHUA は酸っぱい、その名の通りの酸っぱいスープです。にんにくの香りと、甘酸っぱい旨味、シャキシャキしたお野菜が美味しい！ベトナムでは、甘酸っぱい木の実（タマリンド）を使いますが、日本で作りやすいようにレモン果汁に。手に入る時期には仕上げにのこぎりパクチー（P49 参照）やほかのハーブも入れてみて。ベトナムでは川魚や、鶏肉をメインにすることも。少し脂の乗った魚が美味しいのでレシピではブリの切り身を使用。頭付きでも、切り身でも OK！鮭もおすすめ。必ず一緒に付いてくる、唐辛子が入っているヌックマムに、魚や肉を浸して食べます。お頭や食べにくい一尾まるごとの魚を使うときは、あらかじめ他のお皿のヌックマムソースによけておきます。スープを各々食べながら、メインの具材はヌックマムソースのお皿からみんなで分けるので、大人数でも楽しめます。オクラともやしは、最後にさっと火を通すのがコツ。トマトやパイナップルのように炒めて甘さを出すものと、さっと火を通すシャキシャキ感の両方楽しめる、これぞベトナム！家庭料理の王様です。

材料

ブリ切り身 3〜4 枚‥約200ｇ程度	カリカリ揚げにんにくチップ（P27 参照）‥ 仕上用少々
パイナップル ‥‥‥‥‥‥ 70ｇ	サラダ油 ‥‥‥‥‥‥‥ 15ｇ
トマト‥‥‥‥‥‥‥‥‥ 100ｇ	水 ‥‥‥‥‥‥‥‥‥‥ 450ｇ
オクラ‥‥‥‥‥‥‥ 7本程度	鶏がらスープの素‥‥‥‥‥ 3ｇ
もやし ‥‥‥‥‥‥‥‥‥ 70ｇ	砂糖 ‥‥‥‥‥‥‥‥‥ 25ｇ
刻みにんにく ‥‥‥‥‥‥ 10ｇ	塩 ‥‥‥‥‥‥‥‥‥‥‥ 5ｇ
青ねぎ小口切り ‥‥‥‥‥ 少々	ヌックマム ‥‥‥‥‥‥ 10ｇ
	レモン汁 ‥‥‥‥‥‥‥‥ 8ｇ
	飾り用唐辛子（好きな大きさに切る）‥1本

下準備

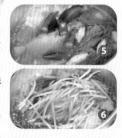

↑トマトはくし形切りにする。

↓パイナップルは厚さ1cmのいちょう切りに切っておく。

↑オクラはヘタと先の部分を切り落とし、一本を2本になるように斜めに切る。

Step 01

雪平鍋を熱し、油を入れる。にんにくを入れて、焦がさないように炒める。にんにくがきつね色になるまでしっかり炒めるのが美味しさのコツ。

Step 02

トマトを加えて炒める。

Step 03

パイナップルを加えて炒める。パイナップルがしんなりしてきたら、水と鶏がらスープの素、砂糖、塩を入れ、強火で沸騰させる。

Step 04

沸騰し始めたら、ブリを加える。

Step 05

再度沸騰したら弱火にし、ブリに火が通ったら、オクラを入れてさっと火を通す。ヌックマム、レモン汁も入れ、味を調整したら、もやしも入れてさっと煮る。もやしはシャキシャキ感を残したいのであまり火を入れないこと！

Step 06

器に盛り付けて、青ねぎを上から散らし、唐辛子を飾る。カリカリ揚げにんにくチップをかけて完成です。

小皿にヌックマム、唐辛子を切ったものをお好みの量入れる。

手前からカインチュア（レシピ P46)、具がいっぱい！豆腐とニラとひき肉のスープ（レシピ P48)

具がいっぱい！
豆腐とニラとひき肉のスープ

Canh đậu hủ non nấu với hẹ và thịt bằm

　ベトナムのごくごく普通の家族の食事は、白ご飯とおかず、酢の物などの漬物と、必ずスープが付きます。

　まずは白ご飯とおかずで食べ始め、そのうちスープをスプーンでご飯にかけながら食べて、最後にスープの具を食べたりして。基本的に、一人一つのお茶碗で白いご飯もスープも食べるのがベトナム流。ベトナムちゃんでも賄いで日本人には二つのお椀、ベトナム人には一つのお椀が自動的に配られます。みんなの真ん中にどん！と置かれる大きな器でスープが出されるのが、家庭でもレストランでも一般的。大きなスプーンで好きな量を好きなだけ自分でよそって食べます。さらさら〜っと食べられるので、暑くて食欲がないときほど、ベトナムでスープは大切な栄養補給源なのです。

材料

豚ひき肉	100g	砂糖	5g
豆腐	200g	塩	2g
ニラ	6cm大で数束	こしょう	少々
豆もやし	100g	湯	400g
ホムデン	10g		
にんにく	10g	サラダ油	大さじ1
		パクチー	適量
ヌックマム	20g	フライドホムデン（P27参照）・・	適量

Step 01

ホムデンは薄切り、にんにくはみじん切り、ニラは6cmの長さに切り、豆腐は3cmのサイコロ状にカット。豆もやしを洗い、パクチーの葉をつむ。

Point!
具をたくさん食べるというコンセプトのスープ。

Step 02

豚ひき肉に塩とこしょうを揉み込む。

Step 03

フライパンにサラダ油とにんにく、ホムデンを入れ、弱火でじっくりと香ばしい香りが出てくるまで、焦がさないように炒める。ひき肉を入れ、ひき肉の色が少し変わってきたら、砂糖を入れる。ひき肉に火が通るまで炒める。

Step 04

03に湯400gを入れて沸騰したら、豆腐、ニラ、豆もやしを加え、もやしがくたっとなるまで煮る。

Step 05

ヌックマムを加えてひと煮立ちさせる。器に盛り、フライドホムデンとパクチーをのせて完成。

山芋とエビのスープ

Canh khoai mỡ nấu tôm

パクチーファラン
（のこぎりパクチー）

　ベトナムでも大人気の家庭料理の代表スープです。白いお芋で白く、紫のお芋で紫色に。日本には紫色のお芋は見かけないので、大和芋、山芋、長芋で手軽に作ってみてください。滋養たっぷりで、ご飯にさらっとかけて食べたりします。私は、胃腸が疲れているとき、お芋を多くして、ねっとり加減強めで、お粥のように食べます。透明のスープ多めか、お芋のねっとり強めかはお好みで。小さく刻んだぷりぷりのエビも良い仕事します。パクチーを刻んだものをのせてもすごく美味しい。入手できれば、ギザギザののこぎりパクチー（パクチーファラン）を細かく刻むと、相性バッチリ！

材料

山芋	250g	油	15g
無頭エビ	10g	パクチー	
（6尾、（21〜25mm サイズ）		（あればのこぎりパクチー）少々	
青ねぎ（青い部分）	20g	荒挽きこしょう	少々
鶏がらスープの素	5g		
水	600g		
塩	2g		

下準備

山芋の皮を剥いてスライスしたあと、ポリ袋に入れ叩いて粗くつぶす。

青ねぎの青い部分を大きめの小口切りにする（7mm程度）

無頭エビは殻を剥き、包丁の腹で叩いたあと、粗く刻む。

Step 01

鍋に油を入れて熱し、小口切りにした青ねぎを炒める。青ねぎは全部炒めず少し残しておく。

Step 02

エビを加えて、やや赤くなるまで炒める。

Step 03

水を加えて、強火にする。

Step 04

沸騰し始めたら、山芋を加える。

Step 05

再び沸騰したら火を止め、軽く混ぜ合わせる。

Step 06

火をつけ、弱火で山芋が透明になるまで5分ほど火を入れる。鶏がらスープの素と塩を加え、調味する。

Step 07

どんぶりに移し、残りの青い小口切りのねぎと刻んだパクチー、こしょうを振りかけて完成。

ベトナム風豚の角煮と、
もやしとニラの付け合わせ

Thịt kho tàu kiểu Việt với dưa cải chua giá hẹ

　ベトナム人の普段の食卓は、「煮物」のおかずが欠かせません。好きなおかず、毎日食べるおかずには絶対に外せないメニューです。「鶏もも肉のジンジャー煮込み（P60参照）」や、川魚を甘辛に煮込んで食べるもの、そして代表的な「ベトナム風豚の角煮」など、煮物おかずは身近です。「南部の風習として、テトと呼ばれる旧正月には必ず家族集まって食べるメニューです」。女性のシェフが楽しい思い出話と共に私に教えてくれました。彼女の田舎ではみんなが集まるときに大量の仕込みをするのだそう。お肉が隠れるまでココナッツジュースを注ぎ入れ、バナナの葉っぱで落とし蓋をして、弱火で何時間も何時間もじっくり煮込んで食べるごちそうです。「日本の角煮と何が違うんだ？」と問われれば、一番の違いは水の代わりに甘いココナッツジュースを入れること。そこらじゅうにココナッツがある環境なので、甘くて滋養成分たっぷりのココナッツジュースは気軽に飲んだり、料理にも使われたりします。ベトナムに行けば、ココナッツの殻が道にもゴロゴロ。ぜひ、ココナッツジュースをスーパーで買ってみて、ベトナム風の豚の角煮を作ってみてください。ココナッツジュースを多めに使う場合は、甘いので砂糖の量を減らして様子をみてください。

　ご飯が何杯もいけちゃいます。ベトナムちゃんの賄いでもスタッフと一緒に食べますが、みるみるうちになくなってしまう、奪い合い必至の大人気おかずです。

材料

豚バラのかたまり肉 … 500g	ココナッツジュース 1缶(350g)
砂糖（味付け用）…… 8g	水 ……………… 160g
砂糖（色付け用）…… 5g	サラダ油 ……… 大さじ1
卵 ………………… 4個	青ネギの小口切り …… 少々
にんにく …………… 20g	唐辛子 ……………… 1本
ホムデン（お好みで）… 少々	
塩 ………………… 3g	もやしとニラの和え物（高菜なし）（P22 参照）…… お好きな量
ヌックマム ……… 17g	
鶏がらスープの素 …… 3g	

Step 01

豚バラのかたまり肉は角煮として食べやすい大きさに切る。卵は茹でて、殻をむいておく。ホムデン、にんにくはみじん切りにする。ココナッツジュースは漉して、果肉とジュースを分ける。

Step 02

豚肉の臭みを取る。鍋に水（分量外）を入れ、沸騰させる。豚肉を入れ、表面の色が変わったら、湯から取り出し、水で洗う。

Step 03

ボウルに02の肉とホムデンと、にんにく、鶏がらスープの素、ヌックマム、味付け用砂糖、塩を入れて混ぜる。30分〜1時間ほど漬け込む。

Step 04

雪平鍋にサラダ油をひいて熱し、砂糖（色付け用）をカラメル色になるまで、途中でサラダ油大さじ1（分量外）を入れつつ、焦がさないようにじっくり炒める。

Point!

砂糖がカラメル色になるまで加熱します。ちょっと色がついたほうが美味しそうに見えます。お好みで自分が美味しそうだな、と感じる色まで加熱してください。自分好みの美味しそうな色になったら、さっとにんにくを入れ、少し炒めたあとで03を入れて焼く。

Step 05

04に、03の豚肉を入れ、鍋の中で転がすように、豚肉全体をカラメル色になるように炒める（豚肉に美味しそうな色を付けるのが目的です）。

「ベトナム風 豚の角煮」と必ず一緒に食べる「もやしとニラの和え物（高菜なし）」。切り方を変えたり、ホムデンを入れても美味しい。写真は高菜入りですが、高菜漬けを入れずに作るとよい。

Step 06

05に漉したココナッツジュース、水、ゆで卵を入れる（豚肉が隠れるくらいの水の量になっていたらベスト）。ときおり豚肉をひっくり返しながら、煮汁が少なくなるまで約1時間ほど弱火で煮る（だいたい写真⑫のような状態になったら、火からおろしてください）

Step 07

器に盛り付けて、唐辛子をのせ、青ねぎを散らして完成。もやしとニラの和え物と合わせてどうぞ。

厚揚げの肉詰めトマトソース煮

Đậu hũ dồn thịt sốt cà

これは白飯のおかずとしては王様の一品。豆腐にトマトソースがしみこんで、かぶりつくと幸せがじゅわ〜っと口の中に広がり、庶民的なのに大きな贅沢を感じられるメニューの一つです。

ベトナムちゃんをオープンした当初、こういう普段使いの美味しいおかずを、ベトナム料理を食べたことがない日本人に食べてもらいたいと思い、メニューに入れようとしたところ、ベトナム人シェフが猛反対！「こんな庶民料理を、なんでレストランで作らなきゃならないんだ！ 俺はプロだぞ！こんな家庭料理を作りにわざわざ日本に来たわけじゃない」というのが怒りの理由（笑）。でも「こんなに美味しいんだからこれを伝えなきゃ！」ということで、大喧嘩しながらも私が絶対に譲らなかった思い出があります。もちろん日本人のお客さんには大人気で、それを見てシェフも大喜びでした。今は日替わりランチにたまに出るお楽しみメニューです。

材料

基本の豚肉だね		塩	0.5g
（P53 参照）	約2人前	鶏がらスープの素	2g
厚揚げ豆腐	2枚	オイスターソース	5g
にんにく	10g	湯	100g
ホムデン	10g	こしょう	少々
青ねぎ	少々	揚げ油	適量
トマト	3個	油	適量
砂糖	5g		

Step 01

にんにく、ホムデンをみじん切りにする。青ねぎを小口切りにする。トマトは煮込みやすいように粗く切る（ダイス状にみじん切りにする）。厚揚げを半分に切り、包丁で切り込みを入れ、中身をスプーンでくりぬく。くりぬいた中身はとっておく。

Step 02

"基本の豚肉だね"とくりぬいた豆腐の中身を混ぜる。くりぬいた豆腐は全部は入らないので量を調節してください。

Step 03

01でくりぬいた厚揚げ豆腐に02をぎゅうぎゅうに詰める。

Step 04

揚げ油に03を入れて、外側がカリカリになるまで揚げる。

Step 05

雪平鍋に、にんにく、ホムデン、油を入れ、香ばしい香りがするまで炒める。トマトを入れ、さらに炒める。トマトに油が回って、しんなりしたら湯、砂糖、塩、鶏がらスープの素、オイスターソースを入れ、沸騰させる。

Step 06

05に、04で揚げた肉詰め厚揚げ豆腐を入れ、たまに裏返しながら、中に味がしみこむまで煮る。

13

14

Step 07

器に盛り付けて、こしょうを振りかけ、青ねぎを散らして完成。

基本の豚肉だね

材料 (作りやすい分量)

豚ひき肉 ………… 50g	A	
戻したきくらげ… 15g	塩 ………… 1g	
戻した春雨 …… 15g	鶏がらスープの素 … 2g	
にんにく ………… 5g	砂糖 ………… 2g	
	こしょう ……… 少々	
	ごま油 ……… 小さじ1	

P52〜55 の「厚揚げの肉詰めトマトソース煮」「ゴーヤの肉詰めスープ」「イカの肉詰めトマトソース煮」にも共通して使える豚肉だねをご紹介します。

厚揚げとゴーヤ、イカのいずれか二つが手に入ったら一気に作ってしまうのもアリ！ 厚揚げとイカはトマトソースですが、ゴーヤはスープと味が全く違うため、同じ日にそのまま食卓に出してもみんなに喜ばれること間違いなし。

Step 01

にんにくはみじん切りにし、ひき肉にAと一緒にボウルに入れ、よく揉み込む。

1

Step 02

ごま油を加え、よく練る。

2

Step 03

切った春雨を加えて練り、さらにきくらげも加えて練る。

3

Step 04

よく練ったらラップで表面をおおって空気に触れないようにし、冷蔵庫で30分〜1時間ほど寝かせたら完成。

4

ゴーヤの肉詰めスープ

Canh khổ qua dồn thịt

どこにでも登場する、ご馳走のスープと言えばこれ！

暑い暑いベトナムでゴーヤ（苦瓜）の苦味は身体の中の熱を取り除くのを助ける大切な夏の食材。

暑い場所でたくさん汗をかくときには、この苦さは心臓への薬にもなります。ベトナム料理はよく出来ているなと感心することが多々あります。でもそんなことを知らなくったって、美味しいからたくさん食べてしまうベトナムスープの代表格。

苦いもの、あまり苦くないもの、皮が厚いもの、薄いもの、いろいろなゴーヤが手に入ると思います。よく観察して、煮る時間を決めてみてください。レシピと言えども、使う食材は個性豊かな野菜たち。じっくり手に取って、観察して、調理しながらも美味しそう！ という自分の目を信じて調理してみてください。私のおすすめはゴーヤがかなり柔らかくなるまで煮たもの。噛むと肉汁が出て、周りのゴーヤも一緒にとろけます♪

材料

基本の豚肉だね（P53参照）		塩	2g
ゴーヤ	1本	鶏がらスープの素	4g
にんにく	10g	湯	700g
		こしょう	少々
ヌックマム	20g	青ねぎ	少々
砂糖	5g	油	適量

Point!

ゴーヤの大きさによって、煮込む時間が違います。基本的にゴーヤがくたっと柔らかくなるまで煮ます。湯の量もゴーヤに合わせて各ご家庭で調節してください。

Step 01

にんにくはみじん切りにする。青ねぎを切る。

Step 02

ゴーヤの長さを半分に切り、縦に1本切り込みを入れ、中身をくりぬく。基本の豚肉だねをぎゅうぎゅうに詰める。

Step 03

鍋ににんにくと油を入れ、弱火で熱し、香ばしい香りがしてくるまで炒めたら、湯を入れて沸騰させる。

Step 04

03に02で作ったゴーヤの肉詰め、ヌックマム、砂糖、塩、鶏がらスープの素を入れ、蓋をして煮る。肉だねの中まで火が通り、ゴーヤが食べやすい柔らかさ（かなり柔らかくなったほうが美味しいです）になったら、こしょうを入れて火を止める。

Step 05

ゴーヤが大きい場合は食べやすい大きさに切り、器に盛り付けて、青ねぎを散らし、完成。

＊＊＊★★★＊＊＊＊★＊＊★＊＊＊＊＊★＊＊＊★＊＊★＊＊＊＊★＊＊＊

イカの肉詰めトマトソース煮

Mực dồn thịt sốt cà

これも白飯が合う国民的なおかずの一つ。コム ビン ヤ ン（Cơm bình dân）と呼ばれる、おかずがたくさん並んでいて、そこから自分の好きなおかずをいくつかチョイスして食べる、庶民的な食堂などには必ず置いてある大人気のメニューです。海に囲まれているベトナムはイカも豊富。太陽のもとに育つ真っ赤なトマトはあらゆるところに登場する身近な野菜。缶詰めのトマトを使うのも手軽で美味しくできますが、生のトマトを使ったときの美味しさは格別。ぜひ、生のトマトで作ってほしい一品です。

材料

基本の豚肉だね		塩	四つまみ
（P53 参照）	2人分	鶏がらスープの素	2g
イカ	数杯	オイスターソース	5g
トマト	3個	湯	100g
にんにく	10g	サラダ油	大さじ1
ホムデン	10g		
砂糖	5g	青ねぎ	少々

※イカはものによって大きさが違うので、正確に何杯とは言えません。豚肉だねを詰めるのにちょうどよさそうな量を使ってください。

Step 01

にんにくとホムデンをみじん切りにする。青ねぎを小口切りにする。トマトは煮込みやすいように粗いみじん切りにする（ダイス状に切る）。

Step 02

イカの肉詰めを作る。イカは足を切り取り、頭の中をきれいに取り出して洗う。イカの頭の中に、基本の豚肉だねをぎゅうぎゅうに詰める。

Step 03

フライパン（または鍋）ににんにく、ホムデン、サラダ油を入れ、香ばしい香りがするまで炒める。トマトを入れ、くずれてきたら湯を入れて沸騰させる。

Step 04

03に02、砂糖、塩、鶏がらスープの素、オイスターソースを入れて煮る。

Step 05

肉だねの中まで完全に火が通ったら器に盛り付け、青ねぎを散らして完成。

スペアリブのレモングラスハチミツ風味

Sườn heo nướng sả với mật ong

この料理は人が集まればよく目にする、ちょっとした贅沢が味わえる絶品、スペアリブBBQ（バーベキュー）です。ベトナムちゃんでも、ランチや宴会、ピクニックなどにも登場する身近な一品です。漬け込むだけで、オーブンで焼けば良し！ みんなで集まるパーティーに持っていけば大人気になりますよ。本当は企業秘密にしておきたいメニューですが、せっかくなので、美味しいと言ってもらいたいし、大サービスでお教えしましょう！

材料

豚肉スペアリブ	430g	ごま油	10g
塩	少々	レモングラス	30g
砂糖	15g	唐辛子	
オイスターソース	10g		お好みの量（下記写真参照）
シーズニングソース	30g		
練乳	30g	ねぎ油（P27参照）	適量
ハチミツ	15g	ピーナッツ	適量

Step 01

レモングラスを細かいみじん切りにする。ピーナッツを細かく砕く。

Step 02

ボウルに豚スペアリブ、レモングラス、塩、砂糖、オイスターソース、シーズニング、練乳、ハチミツ、ごま油、すりつぶした唐辛子を入れ、混ぜる。

Point!

ポイントは、これでもか！ これでもか！ と混ぜ込むこと。この量くらいでも2分は丁寧に揉み込むのがコツ。漬け込み時間は、最低2時間は欲しいところです。冷蔵庫に入れて、次の日に焼くと、より一層、味がしみこんで美味しくなります！

Step 03

漬け込んだ02を200℃に予熱したオーブンで10分加熱する。ねぎ油をかけて、砕いたピーナッツを散らし完成。

Point!

唐辛子は細かくすりつぶしたものをお好みで。ティースプーンに、写真くらいの量（④参照）であれば、辛さよりも唐辛子の爽やかさが残ります。もっと辛いものがよければ、唐辛子を増量してください。

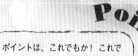

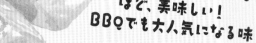

しゃぶりついて食べたくなるほど、美味しい！
BBQでも大人気になる味

蛤のレモングラス蒸し
はまぐり
Nghêu hấp sả

　ベトナムのおじさんたちが、飲みながら楽しそうに食べているイメージの一品。蛤に限らず、小さな貝からこぶし大以上の大きな貝まで、山のように積み上げて食べるほどベトナム人は貝が好き！ 蛤のレモングラス蒸しは、貝も美味しいけれど、残りのスープが奪い合いになること間違いなしの、超絶美味しい出汁が自慢。調理時間は貝が開くまでの短い時間で済み、レモングラス、レモンの葉、蛤はすべて冷凍保存が可能な食材なので、冷凍庫に常備しておけば、あっという間に出来て料理上手に見える一品です。ベトナムちゃんでは冬に出てくる、爽やかで温かいメニュー。家でもぜひ作っていただきたいです。

材料

蛤	500g	唐辛子	1本
レモングラス	1本	砂糖	小さじ1
レモンの葉	3枚	鶏がらスープの素	小さじ1
水	200g		

Step 01

レモングラス、レモンの葉、唐辛子を3〜4等分に切り分ける。

Step 02

土鍋に蛤、水、レモングラス、唐辛子、砂糖、鶏がらスープの素を入れる。

Step 03

蛤に火が通るまで、蓋をして5分ほど煮る。

Step 04

火が通ったら完成。

基本のヌックマムだれ（P26参照）や、ジンジャーヌックマム（P78参照）などを少しつけて食べても美味しい！

A la carte

骨付き豚と蓮の煮込みスープ

Canh sườn heo với củ sen

これはご馳走スープ！滋味深い味がしみこんだ、大好きなメニューです。豚肉を丁寧に煮込まないといけないのですが、煮物は何かをしながら火にかけておけば出来るし、圧力鍋を利用してあらかじめ準備しておくのもアリだと思います。

ベトナムでは、何でも、基本は骨付き。豚も、鶏もです。すべて煮込んで、しゃぶりついて、くまなく味わいます。

日本に来たばかりのベトナム人シェフが先輩たちに注意されています。「これは日本人は食べられない大きさの骨」とか、「細かすぎる骨が入っていると口が痛いと言われてしまうから気を付けろ」とか。骨があるほうが絶対に美味しいのに〜！ということで、自分たちが食べるときには盛大に骨付きをかぶりつきます。

この料理はそこまでダイナミックでもないので、ご家庭でも十分に味わい尽くせると思います。長く煮ることで、もちろんお肉は柔らかく、美味しいスープも出ています。蓮根のシャキシャキ感に味がしみこんで、幸せになれる一品です。蓮根がないときには、じゃがいもや大根などを代用して作ってみてください。味がしみしみで美味しいこと間違いない！

ベトナム風に出来上がったらまず大きなどんぶり一つに盛り付け、自分が好きな部位を選んで取り分けていくのも楽しいと思います。

材料

骨付き豚（茹でたもの）	150g	鶏がらスープの素	3g
豚の茹で汁	350g	ヌックマム	3g
		砂糖	2g
蓮根	100g	塩	2g
青ねぎ	少々	パクチー（飾りとして）	少々

ド準備

骨付き豚を水でよく洗い、適当な大きさに切り、汚れやアクを取るため、沸騰した湯にさっと入れてすぐにまた取り出す。また新しい水を用意し、茹でる。そこから45分〜1時間じっくりと、柔らかくなるまで煮る。

青ねぎは小口切りにする。

蓮根は5mm程度の厚さに切ったものを半分にし、5分程度、沸騰させた湯に入れ、火が通ったら、ざるにあげる。

Step 01

鍋に豚の茹で汁、骨付き豚、蓮根を入れ、火にかける。

Step 02

沸騰したら、鶏がらスープの素、青ねぎを加える。

Step 03

砂糖と塩を加えて煮る。最後にヌックマムを入れて出来上がり。ヌックマムを入れてから長く煮ると風味が飛んでしまうので、仕上げに入れるのがポイント！

Step 04

飾りにちぎったパクチーをのせて完成。

春菊と豚ひき肉のスープ

Canh cải cúc thịt bằm

家庭料理でも大人気の、春菊と豚ひき肉の庶民的なスープです。ベトナムちゃんの日替わりランチメニューのスープとしてもたまに提供しています。たくさんあるモリモリの春菊は煮てしまうと小さくなりますが、野菜をおかずとした食べるスープとして手軽で美味しいメニュー。ベトナムでは、家庭や食堂の一品としてもよく見かけます。

春菊はベトナムでとてもポピュラーな野菜の一つ。学生の頃、お金がないときなどは1000ドン（その頃のレートだと5円くらい！）で山盛り1把を買ってよく食べていました。暑いベトナムで葉物野菜をとることは、薬膳的に見ても暑さ避けにもなります。これにおかずと白飯があれば、最強のベトナム家庭料理です！

材料

春菊 …… 1束（170gくらい）		A	
豚ひき肉 …………… 50g		鶏がらスープの素 …… 1g	
ホムデン …………… 10g		砂糖 …………… 2g	
青ねぎの白い部分 …… 3g		ヌックマム …………… 3g	
		こしょう …………… 少々	

サラダ油 …… 大さじ1
水 …………… 400g
塩 …………… 4g

A la carte

Memo

とにかくベトナムでは葉物野菜をモリモリ食べます！生でも、スープでも！

Step 01

青ねぎの白い部分を小口切りにし、ボウルにひき肉とAを入れて均一になるように混ぜる。春菊は適当な長さに切る。ホムデンは薄切りにする。

Step 02

雪平鍋を熱し、油をひき、味付けしたひき肉、ホムデンを炒める。

Step 03

水を加えて沸騰させ、アクを取る。塩を入れてから、春菊を入れて煮る。

Step 04

器に盛り、こしょう少々（分量外）をかける。

鶏もも肉のジンジャー煮込み

Gà kho gừng

　これはベトナム人の国民食のようなおかず。時間がないとき、家族が集まったとき、ちゃちゃっと作っていただく、白いご飯がすすむ一品です。「お休みのときは何を食べるの?」とスタッフに聞くと挙がる、ベトナム人のソウルフード的おかずなのです。

材料

鶏もも肉	250g	塩	1g
生姜	40g	水	15g
にんにく	40g	サラダ油	8g
砂糖 (漬け込み用)	4g		
砂糖 (色付け用)	3g	青ねぎ	少々
ヌックマム	7g		

Step 01

鶏もも肉を一口大に切る。生姜は細切り、にんにくはみじん切りにする。

Step 04

砂糖が自分好みの美味しそうな色になったら、にんにくを入れ、少し炒めたあとで02を入れて焼く。

Step 05

鶏肉に焼き色がついたら水を入れ、焦がさないよう15分ほど煮詰める。火が通ったら、小口切りにしたねぎを散らして完成。

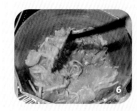

Step 02

ボウルに鶏もも肉、生姜、砂糖 (漬け込み用)、ヌックマム、塩を入れて、混ぜる。その後、30分漬け込む。

Step 03

雪平鍋にサラダ油を入れて熱し、砂糖 (色付け用) をカラメル色になるまで焦がさないようにじっくり炒める。

空芯菜の茹で汁トマト入りスープと
空芯菜のホットサラダ、ヌックマムだれ添え

Rau muống luộc chấm mắm tỏi , nước luộc rau muống thêm cà chua

空芯菜はベトナムでは庶民の味方の野菜。炒めるしか思い浮かばない方に、ベトナムの簡単家庭料理をご紹介します。空芯菜を茹でたホットサラダと、その茹で汁にトマトとレモン汁を入れただけ。この茹で汁は、ベトナム人が「身体にいいよ」と言って、いつもスープにして飲んでいるもの。茹でた空芯菜は食物繊維もたっぷりで、ヌックマムのつけだれにちょんちょんと付けると白いご飯に合う。ベトナムではこの3点セットに加えて、魚の丸揚げも一緒に食べます。何の魚でもOK！下処理をしたものを、そのままじっくり丸揚げするだけでほとんど骨まで食べられるおかずに。茹で野菜と、その茹で汁のさっぱり感と、揚げ物が素晴らしいバランス。このお魚もヌックマムだれに合うので、空芯菜のホットサラダ、ゆで汁のトマト入りスープ、魚の丸揚げ、ヌックマムだれで、素朴に見えますが、バランスのとれた簡単アジアごはんになります。

材料

空芯菜	2人分

ゆで空芯菜のためのヌックマムのつけだれ 数杯

レモン汁	3個分
砂糖	10g
ヌックマム	10g
お湯	5g
にんにく	16g
唐辛子	半分〜1本程度（お好みで）

スープの材料

水	800g
塩	5g
鶏がらスープの素	1g
トマト（小）	1個
レモン汁	2g

下準備

つけだれのにんにくをポリ袋に入れ、麺棒で叩く。ある程度つぶれたら、お好みの量の唐辛子も入れて一緒に叩きつぶす。

砂糖、ヌックマムをお湯に溶かす。レモン果汁を加える。そこに❶のにんにくと唐辛子のペースト状につぶしたものを入れ、よく混ぜたら、つけだれの完成。

空芯菜をよく洗う。柔らかい葉は10cm程度の長さにちぎる。根元に近い硬い葉は4〜5cmの長さにちぎったあと、ぎゅっと握って繊維をつぶすとよい。ざるにあげて、水をよく切る。

スープのトマトはくし形切りにする。

Step 01

スープ用の水に塩を加え、沸かす。水気を切った空芯菜を入れ、まんべんなく火が通るようにしながら茹で、皿に上げる。

Step 02

茹でた湯に鶏がらスープの素、トマトを加え、沸かす。レモン汁を加えたら、スープの完成。

Step 03

茹でた空芯菜に、ヌックマムのつけだれを付けて召し上がってください。

ひと手間と愛情、
オーナーとしての人気店を作る秘訣

ベトナムちゃんでは、本国でも「ずっと料理人」の人しか雇いません。

日本に来るのは、最低 10 年以上のシェフとしての経歴がないとビザが下りないのはもちろん、最低でも 10 年くらいの経験がなければ、激戦区の東京できちんとした料理を出せないからです。そのために、私は一人の人に対して、最低 3 回は面接をしに、ベトナムに行きます。

1 回目は履歴書を見ながら雑談をして、動機などを聞き、

2 回目は料理を実際に作ってもらい、

3 回目は家族も招待して食事に行きます。

もしも働くことが決まって来日すれば、それから何年ものあいだ、毎日毎日一緒に働き、ご飯を食べ、家族のようになるから一緒にいて居心地の良い、「気持ちの良い人であること」も、とても重要なのです。

もちろん自分で選び抜いたメンバーですが、技術や経歴が素晴らしいのに、いざ料理を作ってみると、あと一味、何かが足りないな……ということがよくあります。調味料の塩が足りないとか、砂糖が足りないとかいう問題ではないのです。普通に何も知らないお客さんが食べれば、「美味しい」と言っていただけるレベルのお料理です。でも私がものすごく厳しい舌で食べると「何かが足りない」。どうして?

反対に、そこまでの技術がない、若くてまだ経験も少ない、それなのにビックリするくらい美味しい料理を作るほど変身する人もいるのです。その違いはなんでしょう?

それは、「心がこもっているかどうか」。これは私の経験からわかったことです。集中力が高くて、丁寧に心を込めて作るお料理は、艶があって、見るからに美味しそうなのです。技術が高い人でも心がこもっていない料理であれば、私は即座に伝えます。

「心を込めて」

「集中して」

「日本の人にせっかくベトナム料理を選んで食べてもらえるチャンスなんだから、ほかの国の料理よりもうまいな、ベトナム!! って、お客さんをうならせてみなさいよ〜」。これは私が従業員に対して、ずっと言い続けていることです。

「そのひと手間」と「愛情」が何よりも美味しい料理を創るのです。

「文は人なり、川端康成」ならぬ、「料理は人なり、ベトナムちゃんオーナー」ですね(笑)。

お家のたこ焼き器で作るバインコット

Bánh khọt làm tại nhà bằng khuôn Takoyaki

バインコットはホーチミンから車で 3 時間くらいのところにある、ヴンタオというところの郷土料理です。

その昔、あまり有名な食べ物ではなくて、ホーチミンの街中でもひっそりと売っている人がいるような食べ物でした。友人とバイクに乗って、道端で食べた美味しかったな〜！バインセオはパリパリなのに対し、バインコットはもちもち。バインセオは切って取り分けて食べるのに対し、バインコットははじめから一つずつなので、分けやすい！ 初デートっぽいお客様にはぐちゃぐちゃになったり、気を遣ったりしないようにバインコットをおすすめしています。バインセオが有名なのでバインコットは食べたことないんです、という方も多いのですが、ここはぜひ試していただきたい一品。今回はお家でも作れるように試行錯誤してみましたので、それぞれご自分の家にあるたこ焼き器に合わせて、ベストを探ってみてください。ポイントは揚げ焼きにすること！ 外はカリッ、中はふわっふわ、もちもち。葉野菜で巻いて、豪快に召し上がってください。

材料

バインセオの粉	200g	豚ひき肉	お好みの量
てんぷら粉	20g	エビ	お好みの量
水	450g		
ココナッツミルク	100g	サラダ油	適量
青ねぎ(お好みで)	適量	サニーレタス	適量
塩	4g	なます(P23 参照)	適量
ターメリック	2g	基本のヌックマムだれ(P26 参照)	適量

Step 01

ボウルにバインセオの粉、てんぷら粉、水、ココナッツミルク、塩、ターメリックを入れて混ぜ、バインコット液を作る。1〜2時間置く。

Step 02

豚ひき肉は炒める。エビは茹でて食べやすい大きさに切る。

Step 03

たこ焼き機に、穴の2/3くらいの高さまで油を入れる。

Step 04

プレートを十分に熱したら、**01** のバインコット液を入れる。具は皿にバインコットをのせてから！ 具材によっては跳ねるので危険！！！

※家庭用のたこ焼き器の穴は一つ一つが小さいので、お肉やエビを入れるときに油が跳ねたり、あふれたりします。ご注意を。お子様と家で作るときには、具を十分加熱して、バインコットが出来上がったらそこにトッピングとしてのせたほうが、いろいろな具で楽しめます。

Step 05

ときどき、たこ焼きピックで外側を回しながら、生地の中が空洞化し、外側がパリパリに黄金色になるまで揚げる。生地が写真❼くらいになるまで揚げる。

Step 06

生地が焼き上がったら、サニーレタスなどを敷き、バインコットをのせる。エビや豚肉などの具をバインコットに入れて完成。たれ、なますと一緒にどうぞ。

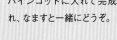

バインセオの粉を使ってください。米粉を水で溶く方法もありますが、問題なのは米粉が統一されていないこと。日本の米粉、ベトナムの米粉、その中でもブランドが違うと原料のお米も違います。挽き方もそれぞれで表示があるわけでもないので、選択ができない状態。本当にばらばらで全く違うものができてしまいます。バインセオの粉が売っていますので、ご家庭ではそれを使って作ることをおすすめします。

Review Point

- きちんと外側がカリカリになるまで"揚げる"。
- 油を大量に入れる（油をケチらないこと）。
- 穴にたっぷりと油を入れ、油から出ないように液を入れる。
- 液を入れすぎると膨らんで、穴からあふれる。
- そうなると、あふれた部分があまり揚がらないので、その部分が美味しくなくなる。
- 具は生地が揚がって、たこ焼き器から取り出してからのせる。
- 油が周囲にすごく飛び跳ねるので注意！

バインミーのためのレモングラスポークと家庭でできる！お手軽・簡単バインミー

Cách làm bánh mì thịt heo nướng sả đơn giản tại nhà

ベトナムちゃんでは、数年前から長年の夢だったバインミーが販売できるようになりました。バインミーのパンはベトナムではパン職人が作るものなので、レストランのシェフからしてみると全く別の仕事。ベトナムちゃんのシェフは長年ベトナムのレストランで経験を積んできていますが、パンは焼かない。そこで、東京にあるパン工場に「バインミーのパンを」とオーダーをして、納品してもらうことにしました。中身の具は、ベトナムちゃんのものを入れて、バインミーをお売りしていた時期です。焼き上がってくるパンは、やっぱり違う！ それをパン工場に伝えたところ「ほかのベトナム料理店は、これでいいと言うのに、なんでダメなんですか」と言われました。結局、自社で開発するしかないと強く思い、その後、ベトナムに行き、現地のパン職人に教えてもらったり、ベトナムのバインミーを持ち帰りスタッフと研究したり。そんな中、2020年3月にコロナ禍の緊急事態中ではありましたが沖縄に出店することになりました。オープンして間もなく、お客さんがいない中、バインミー作りを始めました。毎日手探りで試作を重ねます。パンは生き物で、同じ手順でも、成功したり失敗したり。それでもあきらめずに毎日やっていたところ、春になり、沖縄の気温が一気に上がり始めたときにバインミーが美味しくできる成功率が上がり、販売できるようになりました。沖縄とベトナムの気候が似ているのも、成功の要因です。

その後は東京でもバインミーを焼くぞ！ と試しましたが、場所や気候が変わってまた失敗続き。スタッフの沖縄研修を繰り返しながら、やがて、東京でも安定して焼けるようになりました。今では、ベトナム人が「ベトナムのバインミーだ！」と思えるレベルで、いかなる季節でも毎日安定して焼けるようになりました。

中身が美味しいのはベトナムちゃんでは当たり前！ そしてバインミーも自信を持ってお届けできる、自社で焼いているものです。このレシピブックでは、市販のパンで作っていただきますが、ソースも真似できない複雑な工程で作っています。できるだけご家庭でベトナムちゃんの味が再現していただけるように、普段お店では使わないマヨネーズも活用します。バインミーはベトナムちゃんにとってチャレンジと希望の一品なので、ぜひご自分のバインミーを完成させてみてください。

材料

豚バラ薄切り肉	150g	フランスパン、食パンなどもお好みで	必要な本数、枚数
レモングラス	30g		
オイスターソース	10g		
シーズニングソース	4g	マヨネーズ	適量
鶏がらスープの素	1g	チリソース	適量
砂糖	5g	シーズニングソース（お好みで）	適量
にんにく	5g	なます（P23参照）	適量
唐辛子	1/2本	きゅうり	少々
サラダ油	3g	パクチー	少々

Step 01

豚バラ薄切り肉を約8〜10cmの長さに切る。にんにく、唐辛子、レモングラスをみじん切りにする。

Step **02**

ボウルに01とオイスターソース、シーズニングソース、砂糖、鶏がらスープの素、サラダ油を入れて肉によく揉み込み、30分ほど漬け込む。

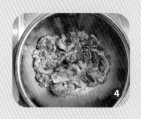

Step **03**

パンをトースターでぱりっとするまで焼く。

Step **05**

フランスパンの場合は、横に切り込みを入れ、中にマヨネーズ、チリソースをお好きな量だけ塗り、最後になます、きゅうり、パクチーの順番で入れ、04を挟み入れる。

Step **04**

フライパンにサラダ油適量（分量外）を入れ、02の肉を完全に火が通るまで焼く。

Step **06**

シーズニングソースをかけても美味しい！

Hospitality

パンをぎゅっと口に入る大きさにつぶし、大きな口で勢いよくかぶりつく

Complete

沖縄のベトナムちゃん北谷店にはアメリカ人のお客様がたくさんいらっしゃいます。
レモングラスポークバインミーは彼らのお気に入り。
レモングラスが香るジューシーな豚にたっぷりのなます、サラダなどを挟み込んで、勢いよく食べてください。
ベトナム風のパンがなければ、フランスパンでも、食パンでも、挟んだら間違いなく美味しい一品です。

練乳とチリソースのバインミー

Bánh mì với sữa đặc và tương ớt

お店が忙しすぎて食事をする時間がなく、私たちがお腹ペコペコになってしまったときに、隠れて食べる賄いおやつ的なバインミーです。

もともと、練乳をバインミーのパンに付けるのは、ベトナムでは人気の食べ方。それにパンチを利かせて、チリソースを入れたのは、ベトナムちゃん北谷店で日本人スタッフが始めたものです。お腹空いたけど、疲れてるし、何食べようかな〜？ というときにパクリと食べられるおすすめの一品。

甘い練乳とピリ辛のチリソースはアジアを感じさせてくれる、美味しい組み合わせ。パンの耳も、このソースと食べると美味しくて、ついつい無限に手が伸びてしまいます。

材料

フランスパン	必要な本数
練乳	適量
チリソース	適量

Step 04

焼き終わったフランスパンに練乳とチリソースを塗る。

Step 01

オーブントースターで、フランスパンを少し温める。

Step 05

完成。

Step 02

温めたフランスパンを上下半分に切り分ける。

Step 03

02をオーブントースターに入れ、パリッとするまで焼く（焼きすぎないよう注意）。

Point!

思い切って、練乳もチリソースもたっぷりかけちゃえ！ 甘いのに、ちょっと辛い、東南アジアを感じる甘い＆辛いを手軽に楽しめる組み合わせ。

手前から、家庭でできる！ お手軽・簡単バインミー（レシピ P66）、
練乳とチリソースのバインミー（レシピ P68）

レモングラスとココナッツウォーターの酢の牛肉しゃぶしゃぶ

Bò nhúng dấm

　3日程度のベトナム旅行だと、食事は絶対に外せない王道ベトナム料理だけで時間切れ。

　日本人の旅行者にとって、7日以上滞在したら、もしかすると出会うことができるかもしれないメニューがこれです。お店に置いておかないと、こんなに美味しいのに日本人には縁がないかもしれない、いわば「ベトナム通のため」のメニュー。もちろんベトナムでは大人気！

　私が学生のときに、親友のベトナム人女性と、よくこれを食べに行きました。日本人にとっては、かなりクセのあるたれですが、それがやみつきになるのです。野菜も肉も欲張りすぎて、いつもライスペーパーからはみ出て、彼女にあきられていました。少量ずつ巻いて、スマートにくるっと包むとすごくきれいなライスペーパー巻きができますよ！　あなたは欲張り派？　それともきれい重視派？　日本人は手で掴んで食べるということに慣れていないので、思い切ってそれを楽しんでください。

材料

牛薄切り肉	人数分適量	しゃぶしゃぶ用スープ	
ベトナム米麺	人数分適量	レモングラス	1本
レタス	適量	青ねぎの白い部分	適量
パクチー	適量	にんにくのみじん切り	小さじ1
なます（P23参照）	適量	ココナッツジュース	270g
サラダ油	適量	水	200g
		砂糖	45g
しゃぶしゃぶ用たれ		酢	40g
パイナップル	40g	塩	少々
にんにく	10g	鶏がらスープの素	少々
マムネム ンゴーン			
（Mam Nem Ngon）	24g		
唐辛子	1/2本		
砂糖	7g		
レモン汁	2g		

　発酵している Mam Nem Ngon（マムネム ンゴーン）。Ngon（ンゴーン）とは、ずばりベトナム語で「美味しい」という意味。"美味しい発酵醤"、これは旨いに違いない！のですが、同時にすごくキツイ匂いがします。そこにパイナップルを細かく切ったものをが入ることにより、甘味、唐辛子の辛味、にんにくの旨味が合わさって、この料理独特のタレができあがるのです。お店ではタレが大人気で、みなさん最後まできれいに、舐めるように召し上がるほど、クセになる味。

Step 01

たれの準備をする。パイナップル、唐辛子、にんにくを細かいみじん切りにする。みじん切りにした材料とマムネム ンゴーン（Mam Nem Ngon）と砂糖、レモン汁を混ぜる。たれの完成。

Step 02

しゃぶしゃぶ用のスープを準備する。レモングラスを3等分の長さに切り分け、包丁の背で叩き、広げる。濾し器（網）でココナッツジュースを果肉と分ける。❶

Step 03

小さな鍋を火にかけて、サラダ油をひく。鍋が温まってきたらレモングラスを入れ、少し焼く。にんにくを入れ、焦げないように鍋を揺らしながら1分ほど炒める。

❷

Step 04

03にココナッツジュース、水、酢、砂糖、塩、鶏がらスープの素を入れ、3分ほど沸騰させる。

❸ ❹

Step 05

牛薄切り肉を皿に盛る。食卓で使えるような鍋に04と青ねぎの白い部分をきざみ入れ、しゃぶしゃぶ用のスープ完成。肉、レタス、なます、パクチー、ベトナム米麺を皿に盛り、火にかけたスープでしゃぶしゃぶした牛肉とともに、レタスに巻いて食べます。

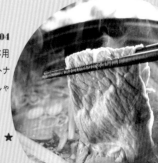

Point!

　この酢しゃぶしゃぶのスープでしゃぶしゃぶすると、お肉が柔らかくなり、酢のさっぱりさ、ココナッツジュースの程よい甘さ、レモングラスの香りの良さで本当に美味しい人気のメニューです。お肉をしゃぶしゃぶして、たれにつけて食べてもよし、それを野菜に巻いても美味しい！　ライスペーパーに野菜をのせてお肉を巻いても楽しいし、美味しい一品です。メインにしたい場合には、米麺も一緒に入れるとボリュームアップします。残ったスープも美味しい。

エビの串焼き、ガッツリにんにくバター味

Tôm nướng bơ tỏi

BBQ で活躍するレシピです。生でなくても、冷凍の大きめの
エビが手に入ったら、ハサミで要らないところを切ってしまいまし
ょ。背中を開けば、美味しいにんにくバターがより深いところ
まで届くので、思い切ってやりましょう！ 下準備しておけば、焼
くだけなので楽ちん。BBQ でなくとも、あらかじめ用意して冷
蔵庫にしまっておけば、オーブンで美味しくて華やかな一品が
簡単に出来る、お手軽おもてなし料理です。ベトナムちゃんで
もコース料理やお祝いで振る舞われる大人気メニューです。

材料

		ソース	
有頭エビ（約20cm）……	10尾		
竹串（18cm）………	10本	バター …………	50g
		にんにく …………	15g
		塩、白こしょう………	各2g
		飾り用野菜 …………	適量

Step 01

器にバターとにんにく、塩と白こしょうを入
れてよく混ぜ合わせる。

下準備

にんにくを細かく刻む。このときにあまり大きいと焼いてい
る間に焦げてしまうため、細かいほうが望ましい。

Step 02

エビの頭の先端の角やヒゲと尾の棘（とげ）をハサミで切り落とす。エビの
背側を頭の先端から尾までハサミで深く開く。竹串を尾から頭にか
けて突き刺し、エビをまっすぐに伸ばす。

Step 04

オーブンの天板にアルミホイルを
敷き、エビを並べてオーブンで焼
く（170℃で10分が目安）。皿に
並べ飾り用野菜を添えて完成。

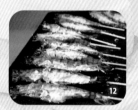

Point!

あまり焼きすぎると表面が乾い
てしまう。瑞々しさが美味しい
ので焦げないように注意しなが
ら焼くとよい。

Step 03

開いたエビの背に01をたっぷりと塗り込む。

Point!

端から端までしっかりと塗
ると美味しい。

＊＊＊★☆★＊＊＊★☆★＊＊＊★☆★＊＊＊★☆★＊＊＊★☆★＊＊＊★☆★＊＊＊★☆★＊＊＊

豚串焼き BBQ
Thịt heo nướng xiên

本当は教えたくない秘密メニュー。アジアの味です。しかもお手軽な豚バラで作れるのもポイント。お肉のグレードを上げてみたり、お肉の厚みを変えるだけでも違う美味しさが楽しめます。BBQ前日にたれに漬け込んで準備できるので重宝します。夕食後、ボウルに漬け込みだれを用意し、そこへお肉を入れてよく揉んで冷蔵庫へ入れておくだけ。オーブンで焼いてもあっという間に焼けるので、お弁当のおかずにも！ お肉に火が入りすぎないようにするのがジューシーさのコツ。焼き上がりのタイミングを逃さないよう注意。

材料

豚バラスライス肉(3〜4mm)		漬け込みだれ	
	500g	砂糖	50g
竹串	10本	ヌックマム	50g
		粗びき唐辛子	5g
		オイスターソース	50g
		チリソース	10g
		レモングラス	30g
		カレーパウダー(五香粉でもよい)	2g
		にんにく	10g

飾り用野菜 ………… 適量

Step 01

すべての漬け込みだれの材料を大きめのボウルに入れてよくかき混ぜる。

下準備

たれのレモングラスを細かく切る。
にんにくを細かく刻む。

Step 04

オーブンの天板にアルミホイルを敷き、10本の豚串を並べる。170℃に予熱したオーブンで10分焼いて出来上がり。肉の表面が乾燥するとジューシーさが失われるので注意する。皿に並べ飾り用野菜を添えて完成。

Step 02

豚バラスライスに漬け込みだれをかけ、よく揉み込む。

Step 03

1本分50gずつになるように竹串に肉を波状に刺していく。薄い部分がうまく刺せないときは、竹串にくるくるっと巻き付けていくとよい。

Hospitality

ゆで豚とやみつき発酵エビ醤だれ

Thịt heo luộc chấm mắm tôm

　発酵しているエビ醤に、刻んだパイナップルとにんにくと唐辛子を入れて作ったタレに、茹でた豚を軽くつけて食べるとクセになって、箸が止まりません。ビールやハイボールとも合うし、白ご飯ともよく合います。茹で豚がなくなっても、このタレをちびちび舐めながら会話が弾む一品です。

材料

豚バラかたまり肉… 約650g	発酵エビ醤だれ	
塩 ………………………… 8g	マムトム（発酵エビ醤）… 17g	
砂糖 ……………………… 6g	砂糖 ………………… 20g	
水 ………………………… 多め	にんにく ……………… 3g	
パクチー ………………… 適量	唐辛子 ………………… 少々	
赤ピーマン ……………… 適量	レモン汁 ……………… 11g	

Point!

発酵エビ醤…"マムトム"と呼ばれる調味料。ものすごく臭い匂いがしますが、食べるとこれが旨い！「日本のイカの塩辛」の「ベトナムエビ版」とお客様に説明すると理解してもらえます。

Step 01

フライパンまたは鍋に豚バラかたまり肉を入れ、肉が隠れるくらいの水、塩、砂糖を入れる。火をつけ、沸騰したらアクを取りながら35分煮る。

Step 02

たれを作る。にんにく、唐辛子をみじん切りにし、マムトム、砂糖、レモン汁と混ぜ合わせる。よく混ぜたら、たれの完成。

Step 03

01の豚バラ肉を食べやすく薄切りにし、たれを添え、パクチーや赤ピーマンを飾り、完成。

おつまみにピッタリ!!

Rice Bowl, Noodle

ご飯類・麺類

野菜多すぎ!! 屋台焼きそば

Mì xào thập cẩm

ベトナムはインスタントラーメンの消費が世界一という情報をテレビで見たことがあります。確かに、街中でもインスタントラーメンを作って出している飲食店や、インスタントラーメンで焼きそばを作っている屋台が至るところにあって、まさに国民食。現在、ベトナムちゃんのメニューにはありませんが、時々リクエストして作ってもらう、簡単なのに美味しいメニューです。

野菜がびっくりするくらいたくさん入っていて驚き!「これくらい入れなくちゃ、美味しくならないだろう?」とのシェフの声に、掲載のレシピも、そのままの野菜の分量で載せることにしました。

普段お店では、ベトナムやタイで入手できるアジア系の細麺のインスタントラーメンを使っていますが、日本のスーパーで手に入る麺でなんとかできないか、ということで試作を重ねました。理想に近い「サッポロ一番」の麺を基準にしています。

ほかの麺で作ったり、お肉を替えてみたりと、みなさんのアイデアでどんどん美味しくアレンジしていただけたらと思います。

材料

鶏もも肉	90g	焼きそばソース A	
		オイスターソース	20g
小松菜、キャベツ、人参		チリソース	20g
	合計250g	砂糖	8g
		鶏がらスープの素	3g
にんにくのみじん切り	小さじ2	水	小さじ1
インスタントラーメン		塩…ひとつまみ（野菜を入れた直後）	
（サッポロ一番）	1個	サラダ油	大さじ1
湯	適量	ごま油	少々

Point!

用意するインスタントラーメンはサッポロ一番がベストです。最初に、鶏肉を食べられるくらいまで炒める。野菜もしっかりと炒める。野菜がしんなりしたら、塩ひとつまみを入れます。

Step 01

小松菜、キャベツ、人参は食べやすい大きさに切る。鶏肉は一口大に切る。フライパンに、インスタントラーメンを茹でるための湯を用意する。

Step 02

熱したフライパンにサラダ油とにんにくを入れ、軽く炒める。にんにくが色づいたら、鶏肉を入れ、塩とこしょう各少々（ともに分量外）を振りかける。鶏肉に完全に火が通るまで炒める。ここで肉にきちんと火が通り、焼き色までついていると美味しさ倍増!

Step 03

フライパンに野菜を加え、しっかり炒める。

Step 04

野菜を炒めている間に、用意しておいた湯でラーメンを茹で始める。2分間茹でたら麺をざるにあげておく。

Step 05

野菜がしんなりするまで十分に炒めたら、塩ひとつまみを野菜に振り入れ、焼きそばソースの材料を混ぜて入れ、ひと炒めする。野菜がしっかり炒めてあると、調和のとれた美味しい焼きそばに近づきます！

Step 06

04で茹でたラーメンを入れ、麺にソースが絡まるようにさっと炒める。

Step 07

ごま油を鍋肌から回し入れ、完成。

野菜もざっくざく！ 麺も手軽に準備できるので、冷蔵庫に何もないときでも残り野菜などで美味しいものが食べられます。

「ご飯食べた？」"Ăn Cơm Chưa?"
学校でも、職場でも、家でも
ご飯時に会えばあいさつ代わりに使われる言葉。

　ベトナム人は本当に食いしん坊です！ 作りたての温かいおかずに白飯、スープでささっと食べるのがベトナム流。朝は家で食べたり、家から一歩出れば至るところに屋台や朝早くから営業しているフォー、バインミー、おこわなどの軽食店があり、安くて美味しい。昼はオフィス近くでサラメシを同僚と食べたり、Cơm Bình dân（直訳で 庶民食堂）から好きなものをチョイスしてテイクアウトをしてさっと食べます。お昼休みの後半は 10 分でも 20 分でもいいから、必ず目を閉じて仮眠するのが文化。そのためには早くご飯を済ませないといけないのです。夜ご飯は家に戻って、家族と食べたり、友人と食べたり。家で食べるのが基本好きな人たちなので、家庭料理を作って食べたり、お惣菜を仕入れてきて白ご飯とスープを家で素早く作って食べます。レストランにもよく出かけて、新しい美味しいお店をチェックするのが大好き！

　学生の頃から、外国人の私が一人でご飯をちゃんと食べているのか、いつも気にかけてくれる優しい人たちだからこそ、紹介されて知り合ったばかりでも「ご飯食べていきなさいよ！」と気軽に誘ってくれるのです。そんな気取りがないところが私が大好きなベトナムです！

　「ご飯食べた？ 一緒に食べよ！」周りの人に聞いてみて！きっと笑顔になってしまう不思議な言葉です。

Rice Bowl, Noodle

おかゆとジンジャーヌックマムだれ

Cháo gà với nước mắm gừng

　ベトナムで、おかゆは、屋台でも家でも頻繁に食べられる人気食。日本だと病気のときに食べるイメージがありますが、ベトナムは麺、ご飯、パンなどと同じ食事として気軽に食べます。きちんと味がついているので、そこも美味しさ倍増の理由かもしれません。モツおかゆ、鶏おかゆ、貝のおかゆ、ピータンのおかゆ、なんでもかんでもおかゆ!

　ご家庭ではほかのおかずと食べると思うので、おかゆの味付けの濃度はお好みで調節してください。

　一緒に添える生姜たっぷりのヌックマムだれをかけて、フライドホムデンや揚げにんにくの作り置き調味料などもご準備を。熱々おかゆにキャベツや香味野菜の千切りをたくさん沈めて、しゃぶしゃぶして野菜をたっぷり食べるのが美味しさのポイントです。

材料

おかゆ		ジンジャーヌックマムだれ	
米	155g	ヌックマム	20g
水	2ℓ	砂糖	28g
砂糖	7g	湯	57g
鶏がらスープの素	6g	生姜	適量
塩	ふたつまみ	唐辛子	お好みで

蒸し鶏			
鶏むね肉	200g	キャベツ	適量
酒	適量	パクチー	適量
水	適量	フライドホムデン(P27参照)	適量
塩	少々		

ジンジャーヌックマムだれ

生姜を細かくみじん切りにする。材料をすべて混ぜて、砂糖が溶けたら完成。

Step 01

米を洗ってざるにあげておく。キャベツは千切りにして、パクチーは葉をつむ。もりもり野菜(写真❷参照)を準備。

Step 02

蒸し鶏を作る。鍋に、鶏むね肉、酒、水、塩を入れ、蓋をして火にかけて蒸す。鶏むね肉に、中まで火が通ったら、取り出して冷ます。粗熱が取れたら、手で裂く。

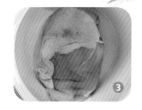

Step 03

おかゆを作る。鍋に水を入れて、沸騰してから01の米を投入。

Step 04

30〜45分経ち、写真のような状態になったら、砂糖、鶏がらスープの素、塩を入れて味が全体にいきわたるように軽く混ぜ、火を止める。

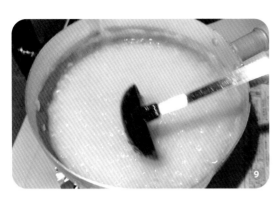

Step 05

器におかゆを盛り、02の裂いた蒸し鶏をのせる。キャベツの千切り、パクチー、フライドホムデンを別の器に盛り、たれを添えて完成。

元気な人たちにもりもり食べてもらいたい美味しいおかゆです！

みんなが料理自慢

**うちのお母さんは料理上手！
俺のかみさんの料理は絶品だよ！
みんな自慢します**

　ベトナム人はとっても家庭的！ 集まれば、自分の手料理を振る舞い、「うちのかみさんの○○は絶品だよ〜」「お母さんは○○を作るのに関しては名人なのよ」と大自慢大会が始まります。

　外食も大好き。とくに南のホーチミン市は夜遅くまで道端でアヒルの孵化（ふか）寸前のゆで卵を食べたり、シェイクを飲んだり、大根餅、お粥、麺類、プリンになんだかわからないような派手な色のお菓子やらを食べまくります。そして、自分の知っている美味しい店自慢をしたり、もっとこういうふうにしたらうまいぞ！ という話はすごく盛り上がります。

　私が留学していた頃は、冷えたものを食べないという食文化で、その都度作ったものを食べ切っていました。朝に市場に行き、その日使うものを新鮮な状態で買い、また夕方に必要なものを少量買って、その日の分として使い切るのです。家の目の前で、だいたいどこでも必要な人気野菜などは売っていましたが、冷蔵庫や冷凍食品を使い慣れている日本人にとってはかなりの重労働の家事でした。それでも文句を言う人はいなかった！ 丁寧に葉物野菜の傷んだところを取り除き、美味しい料理を家族のために毎食作るのです。

　各家庭それぞれの工夫や味付けの秘密もあったりして、外国人の私には本当に大げさに大自慢をして、コツや料理のレシピを教えてくれたものです。まな板を床に置いて切るとか、鶏肉も豚肉も量り売りで買ってきたものを豪快に調理したり。いつでもベトナム人の友人の「私の料理はすごく美味しいのよ！」自慢をお裾分けしてもらっていたものです。留学が終わったお別れのときに「自慢のレシピ」を手書きで書いてくれた友達の分厚いメモは今でも私の宝物です。

Point!

千切りにした大量のキャベツを、おかゆと一緒にいただく食べ方は、ベトナムならでは。あらかじめ千切りを用意しておきましょう。

真夜中に食べた 屋台風エビワンタン麺
Mì hoành thánh tôm

材料

豚ナンコツ（骨付きの豚肉でもよい）………………… 250g
ホワイトエビ …………………………………………… 100g
豚ひき肉 ………………………………………………… 100g
中華麺 ……………………………………… 400g（2人分）
ワンタンの皮 …………………………………………… 1袋
青ねぎの白い部分 ……………………………………… 10g
青い部分 …………………………………… 10g
大根 ……………………………………………………… 150g
水 ………………………………………………………… 1ℓ

調味料

塩 ………………………………………………………… 7g
鶏がらスープの素 ……………………………………… 8g
黒糖 ……………………………………………………… 15g
フライドホムデン ……………………………………… 適量
にんにく油 ……………………………………………… 適量
こしょう ………………………………………………… 少々

下準備

豚ナンコツをぬるま湯で洗う。塩で少し揉んでぬるま湯で洗いきれいにする。大根は皮をむき、薄くいちょう切りにしておく。青ねぎの白い部分は6cmほどの長さに切り、青い部分は小口切りにする。

Step 03

水（分量外）を沸騰させ、ワンタンを茹でる。同じ湯で麺を茹で、どんぶりに入れる。

Step 01

ワンタンを作る。エビの殻を取り除き、豚ひき肉、青ねぎの青い部分と一緒にフードプロセッサーに入れる。鶏がらスープの素、ごま油、こしょう（すべて分量外）も入れ、ワンタンの肉だねを作り、ワンタンの皮で包む。

Step 04

煮込んだ豚ナンコツ、青ネギの白い部分、青い部分（分量外）、フライドホムデンとにんにく油をどんぶりに入れる。熱々のスープ02を注ぎ、こしょうをかけて出来上がり。

Step 02

水を鍋に入れて沸騰したら、大根と豚ナンコツを入れて30分煮込み、調味料を入れる。

✳✳✳★✳★✳★✳✳✳★✳★✳★✳✳✳★✳✳✳★✳★✳✳★✳★✳★✳★✳✳✳

ホーチミンに住む人を"サイゴンっ子"と言います。彼らは美食家！ 熱々で出来たてこそ料理の美味しさと断言して、どこまでも食べに行きます。それも朝から夜中まで！ どこだってバイクで行っちゃうのがサイゴンっ子。経済がやっとまわりだして、それでもまだ貧しかった頃でも、街中には手作りの美味しいものがあふれていたものです。私も真夜中だって気にしないで、よく友達とお気に入りのおかゆ屋さん、餅屋さん、アヒルの孵化寸前のゆで卵屋さん、ジューススタンド、肉まん、フーティウ麺など食べに行ったものです。その中でも一番のお気に入りは、この「エビワンタン麺」でした。

透明ですっきりしている熱々のスープ。

細ちぢれ麺や太麺、細い春雨、麺なしでスープと具だけを楽しむ「ワンタン」、敢えてスープがない麺に茹でワンタンをのせ少し濃いめの別のタレをかけて食べる「汁なしワンタン麺」……など、自分でできるカスタマイズは無限大。自由なのです！

私の大好物のこの美味しい「エビワンタン麺」を東京の家族に食べさせたいと思い、ペットボトルにスープだけを入れてもらって、麺やワンタンを別にして私の帰国する日にベトナム人の友人がわざわざ飛行場まで届けてくれたこともありました。早朝に東京の実家で家族と食べたときに、部屋中に広がる異国の匂いに少し場違いなパワーを感じたほど。それはヌックマムの香りだったり、少し野性的なとんがった匂い。

でも本当に美味しくて、ベトナム料理美味しいね〜と家族がニコニコしていたことは忘れられません。

ベトナムちゃんのメニューにはないのですが、賄いで食べたり、私が大好物だと知っているスタッフが時間があるときに作ってくれる、私にとってはウキウキな一品です。

フライドオニオン、パクチーなどお好みでたっぷり入れて楽しんで！

お好みで
唐辛子を
のせても
美味しい！

トマトとパイナップルで
簡単ベトナム風インスタントラーメン

Mì gói với cà chua và thơm kiểu Việt

　これは私が留学中にいつもお邪魔していた、ベトナム人の親友宅で、小腹が空くと作ってもらって食べていたもの。日本ではパイナップルやトマトをインスタントラーメンには入れませんが、実は、これがなかなか合う！ お好みで、唐辛子やパクチー、レモングラス、ラー油などを少し入れてアレンジしても楽しい。

　日本では、なかなか冷蔵庫にパイナップルを常備していないかもしれませんが、トマトはあると思いますので、冷蔵庫にあるもので気軽にチャレンジしてみてください。チキンラーメンともすごく相性がいい。

　インスタントラーメンのほかにも、お味噌汁にもトマトや唐辛子、レモングラス、ラー油、パクチーなどをその日の気分で入れて食べています。

材料

お好みのインスタントラーメン（袋麺・チキンラーメンがおすすめ） ………… 1袋	卵（お好みで） ………… 1個
トマト ………… 1／2個	青ねぎの小口切り（お好みで） ………… 少々
パイナップル ……… 5切れ	

Step **02**

鍋に湯を沸かしてインスタントラーメンを茹でる。1分ほど経過したら、**01**を入れて一緒に煮る。

Step **03**

お好みで卵を入れて、煮る。
盛り付けの最後に、お好みで青ねぎを散らして完成。

Step **01**

トマトはくし形切り、パイナップルは食べやすい大きさに切る。

今、私が住んでいる沖縄は季節になるとパイナップルだらけに！ トマトもパイナップルもあれば、インスタントラーメンもカラフルで楽しい一品に！

カニカマ春雨炒め

Miến xào thanh cua

　春雨って、なかなかご家庭では登場しないかな？と思います。

　少し黒い色の素朴な春雨があまりにも美味しいので、よくベトナムの市場で買っていました。ベトナムでは、フォーの麺の代わりに春雨を入れたり、とても身近な食材。お野菜たっぷり。家にあるカニ風味かまぼこを使って、かなりパンチの効いた、ガツンとメインになる一品です。

材料

もやし	40g	A
きくらげ	12g	オイスターソース …… 20g
人参	30g	チリソース ……… 10g
小松菜	80g	砂糖 …………… 4g
キャベツ	50g	湯 …………… 300g
春雨	50g	にんにくのみじん切り‥大さじ1
カニ風味かまぼこ	80g	ごま油 …………… 適量
シーズニングソース	6g	パクチー …………… 適量
		こしょう ………… 少々
		サラダ油 ……… 大さじ1

Step 01

春雨は水で戻す。人参は5㎝長さの細切り、小松菜は7㎝長さのざく切り、キャベツ、きくらげは食べやすい大きさに切る。

Step 02

フライパンにサラダ油を入れ、フライパンを十分に熱し、にんにくを入れる。にんにくから香ばしい香りがするまで炒め、キャベツ、人参、小松菜、もやし、きくらげを順に入れ、2分ほど炒める。ポイントはよく野菜を炒めること。くたっとした野菜は春雨ともよく絡んで美味しくなるからしっかり炒めて！

Step 03

02にお湯とAを入れる。

Step 04

春雨とカニ風味かまぼこを加え、強火で汁気がなくなるまで炒める。

Step 05

シーズニングソースを加え、仕上げにごま油を鍋肌から回し入れる。こしょうをふりパクチーをのせて完成。

Rice Bowl, Noodle

✱✱✱✱✱★✱★✱✱✱✱✱✱★✱✱✱✱✱

焦がしにんにくチャーハン

Cơm chiên tỏi

　ベトナムでもチャーハンは人気！ シンプルなものをちゃちゃっと炒めて食べることが多い！

　お手軽な食材、にんにくを使って、"これぞアジア"が味わえるチャーハンを食べてみてください。

　ポイントはよーくよーく炒めること。

　飲食店の火力と家庭のコンロの火力は比べられないのですが、なるべく再現するために何度も試作してみた結果、よーくよーくこれでもか！ と炒めることがコツ。家でガツンとベトナム料理が味わえるレシピに仕上がっています。IHコンロの場合でも、調味料を入れる前にご飯をよく炒めるのがコツ！

　ヌックマムは火を入れると独特な匂いが消えていきます。でもその香りこそがベトナム人が「ああ～良い香り！！」という美味しい香り。ここではよく炒めることによって、香ばしいにんにくとヌックマムの素敵な香りが楽しめます！

材料

		A	
炊いたご飯	300g	シーズニングソース	6g
卵	1個	ヌックマム	2g
にんにく	30g		
砂糖	4g	青ねぎの小口切り	適量
鶏がらスープの素	3g	サラダ油	大さじ1
		ごま油	適量
		パクチー	適量

Step 01

にんにくは2/3量を薄切りに、残りをみじん切りにする。

Step 02

フライパンにサラダ油をひき、十分に熱してから **01** の薄切りにんにくを入れ、軽く炒める。にんにくが焦げてしまわないように注意！

Step 03

卵を割り入れ、すぐにご飯を入れる。少々炒めたら、砂糖と鶏がらスープの素を入れ、ご飯がパラパラになるまで炒める。ここがポイント！ まだか、まだか、まだか、と念入りに炒めます。これこそ、ベトナムの焼き飯！

Step 04

十分に炒めたらAを入れ、ひと炒め。ごま油と青ねぎ、みじん切りのにんにくを入れて、さっともうひと炒めする。パクチーをのせて完成。

レモングラスビーフ炒めのせ
野菜たっぷり米麺 ヌックマムソース

Bún bò xào

暑くて何も食べたくないときに、ブンと呼ばれる米麺なら食べやすい、日本で言うところの、冷やし中華みたいな存在でしょうか。野菜をたっぷりのせて、味の付いたお肉と一緒にヌックマムだれをかけてよく混ぜて食べる、混ぜ麺です。ピーナッツや揚げにんにくがのることで、香ばしさが広がり、一気に美味しさが増します。お肉と甘酸っぱいなますを混ぜることで、さっぱりして、つるつるいただける一品です。

材料

牛切り落としまたは薄切り肉 150g	ベトナム米麺 ……… 150g
レモングラス ………… 20g	もやし ……………… 50g
にんにく …………… 10g	きゅうり …………… 30g
	レタス ……………… 2枚
合わせ調味料A	ピーナッツ ………… 適量
オイスターソース … 10g	パクチー …………… 適量
シーズニングソース … 6g	フライドホムデン(P27参照) 適量
砂糖 ………………… 5g	なます(P23参照) …… 適量
鶏がらスープの素…… 1g	
こしょう ………… 少々	基本のヌックマムだれ(P26参照) 適量
ごま油 …………… 少々	サラダ油 …………… 少々

Step 01

きゅうりは千切りにし、レタスは食べやすい大きさに切る。にんにく、レモングラスは細かいみじん切りにする。もやしは洗い、10秒くらい茹でる。

Step 02

ボウルに牛肉、レモングラス、Aの合わせ調味料を入れてよく混ぜ、揉み込む。その後、30分間漬け込む。

Step 04

器にベトナム米麺（戻し方はP86を参照）を入れて、上に03、もやし、きゅうり、レタス、なます、ピーナッツ、フライドホムデン、パクチーを盛り付け、完成。ヌックマムだれをかけて、よく混ぜて食べる。

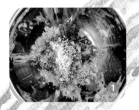
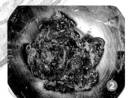

たれをかけて、全部をよく混ぜてから食べてください

Step 03

フライパンにサラダ油をひいて熱し、にんにくを炒める。焦げないように注意。02を入れて、肉に完全に火が通るまで炒める。

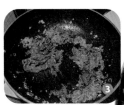

ブン チャー ヨー

揚げ春巻きのせ 野菜たっぷり米麺 ヌックマムソース

Bún chả giò

　見た目からして、アジアな気分になる一品。ベトナムはだいたい毎日、暑い日が続く南国。夏ともなれば、食欲は、やはり落ちます。そのときに「ご飯は食べたくないけれども、ブン（米麺）だったら、少しなら」と、ベトナム人たちもようやく食べ始めます。冷やし中華のようにさまざまな具をのせて、少し酸味があるヌックマムだれをかけてよく混ぜて食べるのが一番美味しい食べ方。手に入れば、ハーブなどもご一緒に。揚げ春巻きの揚げ物の肉の旨味と、野菜のさっぱりがたまらない！ 揚げ春巻きの切り方を斜めに切ったり、輪切りにしたりするだけで印象が変わります。どうせ混ぜるからと、大きな春巻きの皮で作る揚げ春巻きを、ハサミでじょきじょき切って入れれば手間が省けます。

Step 01

きゅうりを千切りにし、レタスは小さめに切る。もやしは洗い、10秒くらい茹でる。

Step 02

どんぶりに戻した米麺を入れ、きゅうりやレタス、なます、もやしを冷やし中華のようにのせる。

Step 03

揚げ春巻きを斜めにカットする。麺の上に盛り付け、砕いたピーナッツ、フライドホムデン、パクチーなどを散らす。

Step 04

ヌックマムだれをかけて、よくかき混ぜていただく。

材料

サイゴン風（南部）ベトナムちゃん特製		ピーナッツ …………	適量
揚げ春巻き（P32参照）……	3本	パクチー …………	適量
		フライドホムデン	
ベトナム米麺 ………	150g	（P27参照）…………	適量
もやし ……………	50g	なます（P23参照）……	適量
きゅうり …………	30g		
レタス ……………	2枚	揚げ春巻きのヌックマムだれ（P26参照）適量	

米麺の戻し方

乾燥した米麺を鍋に入れて、たっぷりのお水を入れ、火にかける。鍋肌に米麺がくっついて焦げないように混ぜながら茹でる。沸騰したら火を少し弱める。水に入れて火にかけるところから、9分間。

かき混ぜて透明になってきたらざるに入れる。冷たい水で洗い流す。温かいところがなくなるように、まんべんなく水をかけよく洗う。

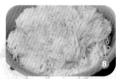

ざるにあげ、よく水気を切る。このときに、ものすごくよく水を切るのがポイント。びちゃびちゃだと、衛生的にも問題があるし、麺がぐちゃぐちゃになってしまいます！ 20〜30分はざるに入れたまま水を切るために放置する。

水がしっかり切れたのを確認したら、ポリ袋に入れて冷蔵庫に入れておけば3〜4日間の保存はOK。食べる前に、耐熱容器に入れて電子レンジで温め直すこと。

Point！

見た目は日本の素麺にそっくり。でも素麺よりも麺がしっかりしているので、きちんと煮ずに冷たい水で洗うと、硬すぎてぼそぼそして美味しくないものになります。水に入れて火にかけて9分は必ず沸騰させて茹でるのがコツ！ あとはしっかり洗い、きっちり粗熱やぬめりを取り、30分はざるで水を切ること！

Dessert, Drink

デザート・ドリンク

ベトナムちゃんの素朴な お豆のチェー

Chè đậu

材料

タピオカ	15g	ココナッツミルク	1/2缶
さつまいも	150g	水	500g
皮のない緑豆	100g	砂糖	60g
煮豆（好きなもの）	170g	塩	少々
		バニラエッセンス	1〜2滴

ベトナム版ぜんざいといわれるチェー。

細かく砕いた氷を入れて、混ぜながら食べる冷たいものや、日本のおしるこのように温かくいただくものなど多岐にわたります。豆を使ったり、タピオカ粉に色をつけたものを細長く切って茹でたものを入れたり、海藻、ハスの実、果物、ドライフルーツを入れたりとバリエーションは無限大です。

下準備

ココナッツミルクは生もの。缶を開けたら、すぐに使うようにしてください。

タピオカを水に30分程水に浸す。

乾燥した緑豆を水に30分浸しておき、沸騰した湯で柔らかくなるまで煮る。煮汁は捨てて、水を切る。

さつまいもは皮をむき、1cm 角に切って、水にさらしておく。

煮豆はボウルに入れ、水で軽く洗う。色がチェーにしみ出て黒くならないようにするため。

Step 01

水を沸騰させる。タピオカを入れる。火が通って、大きく膨らんできたら、さつまいもを入れる。さつまいもにしっかり火が通ることを確認。タピオカが鍋の底にくっついて焦げやすいので、時々軽くかき混ぜること！

Step 02

緑豆を加える。

Step 03

煮豆を加える。

Step 04

沸騰してきて、豆がほぐれてきたら、ココナッツミルクを入れる。ゆっくりとかき混ぜ、再度沸騰させつつも焦げないようにかき混ぜ続けるのがコツ！

Step 05

砂糖を加える。バニラエッセンスを加え、好みの甘さになるように味見をする。塩を仕上げに入れる。

Step 06

器に盛り付ける。

日本人には、旅行などでお馴染みの、氷の入った冷たいチェーは市場や外で買って食べることが多いもの。さまざまな具材を少しずつ作る必要があるため、家庭で作るよりも専門店で食べるのが一般的。温かいのはいつ食べる？と言われれば、冷たいもの同様に市場や外でも売られていますが、家で作って、神棚や先祖の供養の日にお供え物とするのが一般的。暑いからといって、氷のものを家にいるときまで食べるとお腹が冷えちゃうよ！と、いつも彼らは話しています。少しぬるくなったものを、お椀に入れてレンゲで混ぜつつ、おしゃべりしながら楽しむ。とうもろこしやら、バナナやら、なんだってチェーに出来ちゃうのです。今回ご紹介するのが一般的なチェー。優しい味でほっと一息ついてみてください。

蒸しバナナケーキとココナッツミルクソース

Bánh chuối hấp ăn với nước cốt dừa

このケーキはバナナが大量に手に入ったときや、誰かがご機嫌なときに作ってくれる身近なスイーツ。もちろんベトナムでもよく食べます。日本で手に入るバナナとベトナムのバナナは少し違うのでベトナム人スタッフは「ベトナム産のほうが甘くて美味しいんだよ」とポロリ。バナナだけでなく、ベトナムの片栗粉と日本の片栗粉も全く違うので、スタッフと一緒に何度も何度も試作して出来た日本版のレシピ。最高に美味しくて、みんな大満足。熱々のケーキをわざわざ冷やしてから、またぬるい感じで温め直すのも面白いポイント。「どうしてそんな面倒なことを?」と聞いたら「これはそういうものなんだ!」とのこと。ここは一つ、ずっとずっと作って食べ続けているベトナム人の知恵のまま試してみてください。ココナッツミルクソースもまた同じで、ぬるい感じの温度で食べるのが一番美味しい。

材料

片栗粉	100g	熟したバナナ	3本
ココナッツミルク	100g	ココナッツミルクソース（下記	
砂糖	70g	参照）	適量
水	100g	白ごま	適量
塩	2g		

下準備

バナナ1本はボウルに入れ、マッシャーなどでよくつぶす。

バナナ2本は厚さ2mm程度の輪切りにする。そのうち1/4量は飾り用として取り分ける。

蒸し器を熱々に温めておく。

15×15cmの焼き型にラップを敷き、ほんの少しのサラダ油（分量外）を塗る。

Dessert, Drink

Step 01

ボウルに水、ココナッツミルクを入れてかき混ぜる。片栗粉、砂糖、塩を加え、よくかき混ぜる。

Step 02

つぶした1本分のバナナを01のボウルに入れてよくかき混ぜる。

Step 03

蒸し器が熱々によく温まっていることを確認したら、飾り用を除いた輪切りのバナナを 02 のボウルに入れて、よく混ぜる。輪切りのバナナを入れるときに蒸し器が熱々でないと、バナナが上に上がってきてしまい、出来上がりのケーキのバナナが上にばかりあることになってしまいます！ ここからはとにかく素早くやることがポイントです！

Step 04

素早く03を焼き型に流し込み、飾り用のバナナを飾る。とにかくさっと蒸し器に入れて30分、強火で蒸す。

Step 06

冷えたら、蒸しケーキを切り分けて皿に盛り、ふんわりラップをして、温かくなる程度にレンジで温め直す。熱々にすると蒸しケーキが乾燥してしまうので、温かいなと感じる程度でよい。

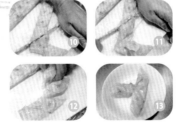

Step 07

ココナッツミルクソースをかけ、白ごまを散らしたら出来上がり。

フルフルの蒸しバナナケーキをきれいに切るコツ
包丁にラップをぐるぐるに巻いておく。そうすると包丁にケーキがくっつかずに済みます。それでもくっついて切りにくい場合はサラダ油をラップの上から薄く塗っておくといいですよ。

Step 05

30分経って、全体的に白く透明になっていることを確認したら、蒸し器から取り出し、粗熱を取る。粗熱が取れたら、冷蔵庫に入れて冷やす（最低1時間）。

ココナッツミルクソース

材料（作りやすい分量）

ココナッツミルク	150g	塩	2g
水	200g	片栗粉	7g
砂糖	30g	パンダンリーフ	1枚

材料をすべて鍋に入れ、よくかき混ぜてから火にかける。照りが出て、火が通ったことを確認したら火を止める。ソースのかたさはお好みですが、ケーキにかけると少しとろーんと垂れたり、動くくらいの緩さが食べたときに柔らかくておすすめ。このソースは食べるときに熱々でなく、ほんわか程度に温めて食べるのが美味しい。あれば、パンダンリーフを結んだものを一緒に入れて火にかけると爽やかな良い香りになります。

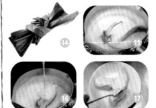

ワインソムリエ・金子真巳おすすめの ベトナム料理に合うワイン

Các loại rượu vang phù hợp với món ăn Việt Nam

　私が通ったワインスクール、「わだえみのわいん塾」の仲間とは今でも仲良し。ベトナムちゃんのワインリストは毎年、シニアソムリエや他のソムリエ仲間の厳しい監修のもと、「ベトナム料理に合う」「次の朝、後悔しないお財布に優しい適当な値段であること」をモットーに丁寧に選び抜かれています。わだえみ先生からもアドバイスをいただきました。

金子真巳おすすめの赤白ワイン2本

Spy Valley

ニュージーランド・マールボロ・ソーヴィニヨンブラン

ブドウで言えば、白ならアロマ感が強くて少し甘いニュージーランドのソーヴィニヨンブランがベトナム料理に合うのは鉄板。

Avvolto Puglia Zinfandel

イタリア・プーリア・ジンファンデル

赤ワインは果実のジャムのような香りを残しつつ、モカやミルクチョコレートのような味わいもある、ジンファンデルはいかがでしょうか！

わだえみ先生おすすめの赤白ワイン2本

Alsace Gewürztraminer Trimbach

フランス・アルザス地方・ゲヴュルツトラミネール

ライチや白いバラの華やかな香りと、凝縮した甘味で気分が上がり、後味のスパイシーな苦味が全体を引き締めてくれる大人のトロピカルワイン。

Tsuno Wine Campbell early

宮崎県・都農ワイナリー・キャンベルアーリー

イチゴやクランベリー、スモモのようなチャーミングな香りと酸味、どこか懐かしさを感じるフルーツボンボンのような甘酸っぱさは、まさにベトナム料理のためのワイン♪

ベトナムで生産されているダラットワイン

ベトナムでもワインが生産されています。高原のダラットで造られる"ダラットワイン"。10年前は一本一本なんだか違う味や量で、店で出すのが心配でしたが、今は品質も安定しています。ベトナムの土壌で造られているので、馴染みのない方には不思議な味かも。お店で飲んでみてください！

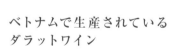

　ベトナム料理の、ふんだんに使われるハーブやスパイスに負けない、香りが華やかなアロマティックな品種を使ったものは相性が良く、味わいはオフドライ、または温かい産地で造られた果実味豊かなワインがおすすめです。

　アジア料理全般に言えることですが、お料理が甘めな場合、ワインにも少し甘味が欲しいところです。甘味がないワインの場合には、ワインの酸っぱさや渋さ、苦さだけが口の中に残り、悪目立ちしてしまうから。

　例えば白ブドウ品種なら、ゲヴュルツトラミネール、マスカット、トロンテス、リースリング、シュナンブランなど。

　それ以外の品種でも、比較的温暖でブドウがよく熟す産地のものであれば、ワインが辛口であったとしても、熟れた果実の甘い風味が、ベトナム料理の甘辛さを包み込むように寄り添ってくれます。

　赤ワインも、同様に果実味豊かで、渋味（タンニン）はあまり強くないタイプがおすすめです。

　日本のコンコードやキャンベルアーリーなどの生食用ブドウ品種（ラブルスカ系品種）や、新世界（アメリカやチリなど、ヨーロッパ以外）産地のメルローなどが、それに該当します。

　渋味が強すぎるワインでは、スパイシーで辛いお料理とは口の中で調和がとれません。

　お料理の持つ旨味や甘味がまず最初に目立つため、後味には刺激的な余韻だけが残ってしまうからです。

　ロゼワインはいかがでしょう？白ワインのフルーティーさと赤ワインのコクの両方の良さを併せ持つので、一本あれば、肉、魚、野菜、何でも万能に楽しむことができます！

解説：わだえみのわいん塾　主宰わだえみ

わだえみのわいん塾 主宰わだえみ

ワインスクールでの講師歴20年以上。これまで延べ3000人以上のソムリエ、ワインエキスパート、愛好家を輩出。「10万円の鞄を買うよりワインを学ぼう」という価値観のもと、東京四谷を拠点に、オンラインや地方での活動にも力を入れている。

住所：〒160-0004
　　　東京都新宿区四谷2丁目14 白馬ビル501
メール：chateau.emilion@gmail.com
TEL：03-6874-3551
HP：http://winejuku.com/

ベトナム料理に合うビール

Các loại bia phù hợp với món ăn Việt Nam

東南アジアのビールは日本のビールよりもずっと軽くていくらでも飲めます。

ベトナムのビアホイと呼ばれるビール居酒屋では、生ビールをピッチャーに入れてみんなで大騒ぎ。

日本との最大の違いは、自分のグラスに大きな氷を入れて、そこにビールを注いで飲むところ！ その昔、冷蔵庫がまだ普及していなかったときからこの飲み方だったので、その名残だといえます。夏になると、ヌックマムソースの唐揚げや揚げ春巻きなどとも合うため、ビールがどんどん進んじゃう！

HUDA BEER
フーダビール

ベトナムの古都、フエで飲まれている麦芽100％のピルスナー。飲み口はマイルドながらも、後口に穀物の風味がしっかり感じられる個性派ビール！ 蒸し暑い日に飲みたくなる一本。

★ ハノイ

HANOI BEER
ビアハノイ

首都ハノイでもっとも有名なビール。ベトナム食品展覧会で金賞を5回受賞しており、喉越しスッキリなのにコクがあり、飲みやすいビールです。

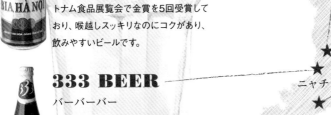

333 BEER
バーバーバー

爽やかな味わいは日本人の味覚に合い、ベトナムちゃんでも一番人気。口当たりはソフトで泡も香りが良く、ベトナム料理にピッタリです！

ダナン

★ ★
★ ニャチャン
★ ホーチミン

SAIGON BEER
ビアサイゴンエクスポート

サイゴン（現ホーチミン）を代表するビール。コクがありつつもスカッとした飲み口。ドライな刺激と適度な苦味が、スパイシーな料理によく合います。

SAIGON SPECIAL
ビアサイゴンスペシャル

副原料は一切使用せず、厳選されたモルト100％のピルスナービール。サイゴンに比べると香り高く、後味に黒糖の風味があります。泡立ちがよく飲みやすい。

BIERE LARUE
ビア・ラルー

創業は1909年、フランスの技術で造られた、東洋で一番歴史の長いビール。苦味は控えめで、芳醇ながらも非常に爽やかな味わい。

ベトナム蓮茶は何のお茶？

ベトナムの国花は蓮の花。至るところで"蓮の花"を目にすることができます。夜明け前に摘まれた蓮の花は、ほんのりピンクで何とも言えない美しさ。それが夕方になれば、真紫になって"死んでしまう"、何ともはかない花なのです。蓮のお茶というのがベトナムにはあって、等級もさまざま。北部で生産されることが多く、高いものは、うんと高いお値段。一般的に「蓮のお茶」と呼ばれますが、紅茶などの茶葉に蓮の花の黄色のおしべを集めてポリ袋に一緒に入れて蒸します。自然に熱が出て、じわりと蒸されておしべから蓮の誇り高い素晴らしい香りが茶葉に移るというもの。飲めば爽やかで何とも言えない香りが鼻から抜けるのが特徴です。ほかにも蓮の葉を利用したものや、芯を使った苦いお茶などもありますが、一般的に「蓮茶」と言って提供されるものは、茶葉におしべの香りづけがされたものです。また、蓮の実は食べればよく眠ることができると言われます。ベトナム人が愛する「蓮」は見て美しく、食べて美味しく、快眠できて、飲んで爽やかで、特別な存在と言えるでしょう。

美味しいベトナムコーヒーの淹れ方

Cách pha cà phê Việt Nam ngon

「ベトナムに行ったときにフィルターを買ったけれども、自分で淹れるとこんなに美味しくはならないんです」と、お店でベトナムコーヒーをお出ししたときに、お客様からの声をよく耳にします。

誰が淹れても同じで、簡単なのがベトナムコーヒーだと思っていました。

いつだったかシェフの一人がニコニコ顔で「コーヒー飲むか？」と淹れてくれた一杯の美味しかったこと！

バイトの学生が手順を見ながら淹れたコーヒーのまずかったこと！

同じキッチンで、同じコーヒーで、同じ道具を使ってもこんなに味が違うものは他にはないかもしれません。

一番汎用的な淹れ方をご紹介しますが、何よりも大切なのは「心を込めて淹れること」。

それが何よりの美味しさの秘訣です。

Step 01

グラスに練乳を1cmくらい入れる。ブラックコーヒーのときはなし。

Step 02

ベトナムコーヒー用のフィルターをグラスの上にのせる。

Step 03

ティースプーン2杯分（8g）のコーヒー（粉）をフィルターに平らになるように入れる。

Step 04

コーヒーの上にフィルターの中蓋を入れる。

Step 05

フィルターの中蓋の上にコーヒーをティースプーン1杯分（4g）入れる。

Step 06

コーヒーを蒸らすため、粉が全体的に濡れる程度の湯を注ぐ。

Step 09

ぽたぽたともう落ちなくなったのを確認したら出来上がり。お好みの甘さになるように、練乳をスプーンでかき混ぜる。あまりかき混ぜなければ、練乳は下に溜まる。自分で好みを調整するのも楽しみの一つ。

Step 07

粉が湿ったら、湯を注ぐ。

Step 08

蓋をのせ、コーヒーがゆっくり落ちる時間を楽しみながら辛抱強く待つ。ここで焦ると「そんなに急ぐな。コーヒーくらいゆっくり楽しめ！」と言っていた渋くてカッコよかったコーヒー店の友人のナムさんを思い出す。

焼きたてのバインミーと練乳とコーヒーの組み合わせは最高！
バインミーが焼けたよ！
練乳と一緒にどうぞおひとつ〜

✳ ✳ ✳ ✳ ✳ ★ ✳ ✳ ★ ✳ ✳ ✳ ★ ✳ ✳

おわりに

「レストランを3軒も経営しているオーナー社長は、自分で料理を作ったりなんかしないで、毎日自分の店で食べたり、従業員に特別なご馳走を作らせたり、接待やお付き合いで美味しいレストランの食べ歩きをしているんじゃないの？ 自炊なんかしなくったっていいんじゃないの？」

答えは絶対に NO です。毎日の忙しい社長業をこなしたり、女性として難しい年齢に差し掛かりながらも、東京、沖縄、ベトナムを往復したり、毎日毎日、変化球で飛んでくる無理難題を解決していくには、自炊は欠かせない魔法の薬だと私は信じています。

レストランをオープンした当初、やり慣れない飲食業を長時間こなし、社長としての仕事も一人で抱え込み、自分で何でもしようとした時期がありました。夕暮れ時に、気が付くと気を失ってどこかで寝ているのです。夜寝る前には無性に悲しくなり涙が出て、朝起きるのも辛い。でも働いているのは楽しいから無理をしてしまう。私は自分が重篤な病気ではないかと本気で心配したほどです。そこで漢方薬に出逢ったことで、自分も中医薬膳を専門的に学び、食べ物の持つ働きや体に与える影響を学びました。慢性的に肩が凝り、夜中にマッサージに行き続け、気が付けば会社員のお給料1ヵ月分くらいマッサージ代に使っていた時期もあります。そこからまた鍼灸の勉強をして今では鍼灸師です（笑）。私は病気ではなかった。そんな生活をしていれば、身体がこのように反応するのは当たり前だという、自然な状態だったのです。

飲食店のオーナーをしながらも、自分がいかに健康に、元気に働けるのか、自分の人生をより楽しく、より主体的に生きていけるのかを模索する時期が続きました。自分に元気がなくて、疲労続きだと、従業員を引っ張っていくことはできないから。

おかげで漢方薬、中医学、鍼灸マッサージなどにもかなり詳しくなりましたが、「自分のご飯は基本、自炊をする」が、一番効果的な予防薬であることに気付きます。自分をいかに労わるのか、「養生」するのかということが、「自炊をしてバランスを調整することそのものである」ということを、身をもって知ることになります。「稼ぐ女」でいるための秘訣ですね！

今は、オープン時より年を重ねましたが、前より元気で、体調が良く、周りの人が驚くほどタフで、やる気に満ちています。どこに移動しても、すぐに近所のスーパーへ行き、なるべく毎日同じようなつまらないご飯を、基本として食べる生活を心がけながら過ごしています。極端な食べ物の制限もしないし、おおらかに"生きている食材"から幅広く力をいただいて自分のパワーにしちゃおう！ と毎日の自炊を心から楽しんでいるのです。

私はレストラン業に携わる者として、勉強を兼ねてレストランへ行ったり、外でご飯を食べることも大好きです。仕事とは関係なく、友人と楽しく食事をするための外食も人生の楽しみの一つです。外食も自炊もバランスよく楽しめばよいのです。

レストランオーナーであれば、ぜひ、レストランへ来て食べてください！ というのが一番かもしれません。この本で紹介していない美味しいメニューもあります。レストランと家は全く違うのです。

皆さんの「自炊」の領域の中に、気軽にベトナム料理を取り入れてもらえたらとてもハッピー！ ベトナム料理に携わる者としては、この上ない感謝と同時に、「誰も知らないような国だったベトナム」が、ついに日本の食卓にまで顔を出すような関係にまで、日本とベトナムは近くなったか……と思うと、日越の国際交流の隅っこで存在しているベトナムの専門家としても感無量です。

この本のレシピは手を抜くところは抜くようには出来ていますが、ここはしなきゃ！ ということは気持ちを込めて手をかけていただきたいです。ご自身の好みや、野菜や果物の甘さ、手に入るアジア食材の差異により、レシピ通りにはいかないかもしれませんが、美味しくなる過程であって、ゴールと僅差であることは間違いないと思いますので、何度も自分のキッチンで自分流を試して「今日のご飯」に取り入れていただけたら、心から嬉しいです。

皆様の家の食卓が、楽しくて美味しいものになることを心から願っています。

またレストランにも、本場のシェフが作るプロの味を偵察に？ いらしていただけることを心よりお待ち申しております。

ベトナムちゃんオーナー 金子真巳

ベトナムちゃん 大久保店

大人気「ベトナムちゃんレモングラス鍋」や「バインセオ」、豊富なワインやカクテルもご用意。メニューも充実のレストラン。予約必須です。ランチはご近所で働く方々のために、日替わりご飯定食やセットフォーなど、お得なメニューをご用意！ 土日祝のランチコースメニューも大人気です。

ベトナムちゃん大久保本店

〒169-0073　東京都新宿区
百人町1 - 19 - 17 フラッツT1階
☎03-3365-0107

ベトナムちゃん 吉祥寺店

ベトナム料理の代表メニューはもちろん、バインミーも自家製造しています。新宿2丁目にあった「ベトナミング」（現在は閉店）の後継店としてオープン。大久保の本店にはないユニークなベトナム料理メニューもございます。隠れファンが多いお店。小さくてアットホームな雰囲気です。

ベトナムちゃん吉祥寺店

〒180-0003　東京都武蔵野市
吉祥寺南町2丁目13・13
ユニアス井の頭 1F

ベトナムちゃん 北谷店

2020年6月にオープン。沖縄の海沿いにあり、地元や在日米軍の方々、旅行者などお客様は多国籍。終日同じメニューで、フォーやご飯もの、自家製バインミーが大人気。カジュアルなベトナム料理店としてご利用いただいています。

ベトナムちゃん北谷店

〒904-0114
沖縄県中頭郡北谷町港15番地
シータイムビル1A

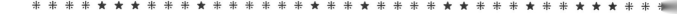

金子真巳 (カネコ・マサミ)

東京都出身。東京（大久保、吉祥寺）、沖縄（北谷）のベトナム料理店「ベトナムちゃん」オーナー。
ベトナムハノイ国家大学に大学生のときに1年半留学後、ホーチミン市人文社会科学大学に半年留学し帰国。日本大学芸術学部を卒業後、ロンドン大学大学院SOASにて、東南アジア学科修士号取得。

大学生の頃からベトナムに暮らし、日系企業駐在員を経る。ベトナム語通訳。イギリスの大学院卒業後は、アメリカの商社、ベトナムでの起業などを経験し、2011年、東京の大久保に「ベトナムちゃん」をオープン。沖縄の北谷店オープンを機に、2022年3月より沖縄県民となり、沖縄と東京の2拠点生活を送りながら、ベトナムをはじめ、世界各国を飛び回る。

あん摩マッサージ指圧師、鍼灸師、GIA米国宝石鑑定士、ワインソムリエ、草月流華道師範、国際中医薬膳師など、多くの資格を取得。国際中医師取得に向けて通学中。店名「ベトナムちゃん」の由来は、留学中に祖母から呼ばれたニックネームをそのまま店名にしたもの。気力やガッツを維持するためにパーソナルトレーナーとの筋トレやスイミングが趣味で、食べて健康に生きることに興味を持つ。読書大好き。ふらりとどこにでも一人で旅行する。強運体質。

We Yêu
Việt Nam!

STAFF

撮影	近藤誠[完成料理・一部プロセス写真・金子真巳]
	金子真巳[プロセス写真・ベトナム写真]
ヘアメイク	高取篤史(SPEC)
プロップ	momo
デザイン	廣田敬一(NEUTRAL DESIGN)
イラスト	近藤由美[ベトナムちゃんイラスト]
	ハンザキアヤコ[P95 ベトナムちゃん北谷店マーク]
編集	山田洋子(オフィスカンノン)
校閲	みね工房
SPECIAL THANKS	わだえみ
	Nguyễn Ngọc Thiết ／大久保店
	Nguyễn Chi Thảo ／大久保店
	Lê Đinh Hiệp ／大久保店
	Đặng Thị Tuyết Thu ／吉祥寺店
	Võ Thị Thu Nguyệt ／沖縄北谷店
	Nguyễn Thị Lệ ／沖縄北谷店
	久世喬彦／沖縄北谷店
	布施 公彦／ベトナムちゃん事務所
	Nguyễn Thị Mai Thùy ／ベトナムちゃん事務所
	Lê Thị Huệ
	Nguyễn Chí Nguyên
	村上直哉／料理アシスタント
	ママ&智一ファミリー
企画	佐藤千秋

大人気ベトナム料理店オーナー直伝
「ベトナムちゃん」金子真巳のレシピノート

第1刷　2023年3月24日

著者	金子真巳
発行者	菊地克英
発行	株式会社東京ニュース通信社
	〒104-8415 東京都中央区銀座 7-16-3
	電話 03-6367-8023
発売	株式会社講談社
	〒112-8001 東京都文京区音羽 2-12-21
	電話 03-5395-3606
印刷・製本	株式会社シナノ

落丁本、乱丁本、内容に関するお問い合わせは発行元の株式会社東京ニュース通信社までお願いします。小社の出版物の写真、記事、文章、図版などを無断で複写、転載することを禁じます。また、出版物の一部あるいは全部を、写真撮影やスキャンなどを行い、許可・許諾なくブログ、SNS などに公開または配信する行為は、著作権、肖像権等の侵害となりますので、ご注意ください。
© 東京ニュース通信社 2023　Printed in Japan
ISBN 978-4-06-530897-4